BITCOIN

Selbstbestimmung durch Mathematik

KNUT SVANHOLM

Technischer Berater
Kalle Rosenbaum

Übersetzung
Volker Herminghaus

SELBSTBESTIMMUNG DURCH MATHEMATIK

WIDMUNG

Ich widme dieses Buch meinen Kindern.

Sie sind knapp, unzensierbar und ein Arbeitsnachweis.

Mein besonderer Dank gilt Kalle Rosenbaum, ohne den
ich nicht halb so stolz auf dieses Buch wäre, und dem
Übersetzer Volker Herminghaus

SELBSTBESTIMMUNG DURCH MATHEMATIK

SELBSTBESTIMMUNG DURCH MATHEMATIK

VORWORT

Es ist Neujahr, und 2019 hat gerade begonnen. Ausnahmsweise habe ich einen Vorsatz zu erfüllen. Ich habe mir vorgenommen, dieses Jahr täglich eine Seite zu schreiben, bis ich endlich etwas echtes zu veröffentlichen habe. Im Juni 2018 hatte ich mein erstes Buch herausgegeben: "Three Minute Reads on Bitcoin - A Year of Thoughts" (Drei-Minuten-Lektüren über Bitcoin - Ein Jahr der Gedanken). Dieses Buch bestand aus Artikeln die ich von Mai 2017 bis dato veröffentlicht hatte. Diesmal ist es anders. Anstatt einer einfachen Artikelsammlung möchte ich ein "richtiges Buch" schreiben. Ein Buch, das erklärt, weshalb Bitcoin die wichtigste Erfindung unserer Zeit ist. Ich habe mir Bitcoin nicht ausgesucht; es hat mich ausgesucht. Ich hatte mein ganzes Leben versucht herauszufinden, wie die Welt im Inneren funktioniert, und dann kam diese einfache Idee der absoluten Knappheit hoch. Das hatte einen tiefgreifenden Einfluss auf mein Verstehen von menschlicher Interaktion. Weil ich neugierig bin, trat ich sofort tief in dieses Labyrinth ein. Ich beschloss, mich darin weiterzubilden, wie diese mysteriöse Technologie funktioniert, und das brachte mich auf die österreichische Wirtschaftslehre, die sehr klar das ausspricht, was ich immer vermutet hatte - dass man Wert tatsächlich nicht aus dem Nichts schaffen kann. In diesem Buch werde ich versuchen, jeden Aspekt dessen zu erklären, was diese Technologie so besonders macht, was sie von den reichlich vorhandenen schamlosen Kopien absetzt, was mit unserem derzeitigen System nicht stimmt und wie eine Zukunft aussehen könnte. Nur zwei Tage nach dem Schreiben dieser Zeilen werden wir das zehnjährige Jubiläum des Genesis Blocks feiern, mit dem die

Bitcoin Blockchain zu existieren begann. Dieser Block enthielt eine Nachricht: eine Zeitungsüberschrift mit dem Wortlaut "03/Jan/ 2009 Chancellor on brink of second bailout for banks" (3. Januar 2009 Schatzkanzler kurz vor zweiter Bankenrettung). Niemand weiss, weshalb Bitcoins geheimnisvoller Schöpfer, Satoshi Nakamoto, sich entschloss, dies in den Genesis Block aufzunehmen. Es wird auch debattiert, ob der Genesis Block wirklich am 3. Januar erzeugt wurde, da der nächste Block erst sechs Tage später produziert wurde. Irgendwie hat Satoshi es geschafft, unentdeckt zu bleiben und von Beginn an mehrere Lagen geheimnisvollen Nimbus in das Gewebe von Bitcoin einzuflechten, was ein Teil dessen ist, was das Konzept von Bitcoin so makellos macht. Ziel dieses Buches ist, Bitcoin von seinem zwielichtigen Deckmantel zu befreien und seine wahre Natur zu beleuchten. Schliesslich ist das Einzige, was man mit der Blockchain jetzt machen kann, sie zu untersuchen. Hinweis: In diesem Buch wird Bitcoin als System mit grossem B geschrieben, und bitcoin als Währung mit kleinem b.

KAPITEL EINS
ALLES IST HANDEL

Alle menschliche Interaktion kann man als Handel definieren. Jawohl, alle menschliche Interaktion. Jedesmal wenn ein Mensch mit einem anderen interagiert, findet ein Austausch statt. In jeder Konversation, die wir führen, tauschen wir Information miteinander aus. Selbst die trivialste Information hat einen gewissen Wert für die andere Person. Wenn Information für uns keinen Wert hätte, würden wir nicht miteinander sprechen. Entweder ist wertvoll für uns, was die andere Person sagt, oder wir finden es wertvoll, der anderen Person Information zu geben. Oft sogar beides. Im Kern aller nicht gewalttätiger menschlicher Interaktion spüren beide Seiten, dass sie etwas davon haben, denn sonst würde die Interaktion nicht stattfinden. Zivilisationen beginnen auf diese Weise. Zwei Leute finden es wertvoll, miteinander zu interagieren. Mehr ist nicht nötig. Was also macht Wert aus? Was wir wertvoll finden, ist vollständig subjektiv. Eine tröstliche Umarmung hat zum Beispiel wahrscheinlich einen anderen Wert für ein zweijähriges Kind als für einen gestandenen Armeegeneral. Selbst die einfachste Aktion, wie das Atmen, enthält das gesamte Wertespektrum. Wir vergessen leicht, dass selbst ein einzelner Atemzug unter den richtigen Umständen einen ungeheuren Wert haben kann. Ein Atemzug ist wertvoller als alles andere auf dem ganzen Planeten, wenn man als Freitaucher unter einer Eisdecke eingeschlossen ist, aber völlig wertlos für einen Lebensmüden an einem sonnigen Sommertag im Wald. Wert ergibt sich aus Angebot und Nachfrage, und Nachfrage ist immer subjektiv. Angebot nicht. Da unser aller Leben zeitlich begrenzt ist,

ist Zeit das ultimative Beispiel einer knappen, tauschbaren Ressource. Wir verkaufen alle unsere Zeit. Wir verkaufen sie Anderen, und wir verkaufen sie an uns selbst. Jeder verkauft seine Zeit, entweder durch ein Produkt, das eine gewisse Zeit zur Herstellung verbraucht hat, oder als Dienstleistung, denn Dienstleistungen benötigen immer Zeit. Wenn man als fest Angestellter arbeitet, verkauft man typischerweise acht Stunden seiner Zeit, jeden Werktag, an seinen Arbeitgeber. Wenn man etwas wirklich liebend gern tut, dann gehören einem diese acht Stunden irgendwie immer noch, weil man etwas tut, was man auch tun würde, wenn man gezwungen wäre, es für umsonst zu tun. Manchmal opfern wir Zeit, um etwas zu in der Zukunft zu erwerben. Eine Ausbildung zum Beispiel gibt uns keine direkte Belohnung, kann aber zu einem besser bezahlten, erfüllenderem Job in der Zukunft führen. Eine Investition ist im Grunde unser zukünftiges Ich, das mit unserem gegenwärtigen Ich etwas Zeit mit Rabatt austauscht. Und wieder ist jede menschliche Interaktion ein Handel. Es ist in der Physik verwurzelt. Jede Aktion hat eine gleich große Reaktion. Handel liegt dem zugrunde, was wir sind, und die Mittel, die wir zum Handeln verwenden, machen eine Menge aus, wenn es um das Ergebnis jeder Transaktion geht. Geld ist das primäre Werkzeug für Menschen, um sich gegenseitig Wert auszudrücken, und wenn die Schöpfung von Geld irgendwie korrupt oder unethisch ist, dann breitet sich diese Fäulnis durch die Gesellschaft aus, von oben nach unten. Scheisse fliesst bergab, sagt man. Was also ist Geld, oder besser: was sollte Geld sein? Nun, damit zwei Personen interagieren können, wenn es keine gleichzeitigen gegenseitig erfüllbaren Bedürfnisse gibt, braucht es ein Tauschmittel zur Durchführung der Transaktion. Ein Fall von gleichzeitig erfüllbaren gegenseitigen Bedürfnissen könnte zum Beispiel sein: "Du brauchst meine drei Ziegen, und ich brauche deine Kuh", oder einfach nur: "wir beide brauchen eine Umarmung". Fehlt ein für die Transaktion passendes physisches Gut oder eine Dienstleistung, dann kann Geld die Rolle des Tauschmittel*s* übernehmen. Was die meisten Menschen nicht verstehen ist, dass der Wert des Geldes, wie der Wert von allem anderen, vollständig subjektiv ist. Man *muss* es nicht ausgeben. Das Problem mit jeder Inkarnation von Geld, die die Menschheit je probiert hat ist, dass dessen Wert im Laufe der Zeit stets verdünnt wird, und zwar aufgrund verschiedener Formen von Inflation. Inflation macht traditionelles Geld zu einem schlechten *Wertspeicher*, aber Geld muss ein guter *Wertspeicher* sein um eine gute Anlage zu sein. Oder anders gesagt, ein guter Ersatz für deine Zeit und Anstrengung über einen Zeitraum. Bitcoin versucht dies, indem es *absolute Knappheit* in die Welt bringt, ein Konzept, das die Menschheit nie zuvor erlebt hat. Um zu begreifen, was eine solche Entdeckung für die Zukunft bedeutet, muss man die Grundsätze dessen verstehen, was Wert ist, und dass wir allem, dem wir begegnen, einen gewissen Wert zuweisen, ob wir das zugeben oder nicht. Kurze Zusammenfassung: wir weisen allem einen Wert zu, Wert entsteht aus Angebot und Nachfrage, und Angebot ist *objektiv* während Nachfrage *subjektiv* ist.

Freier Handel ergibt sich von selbst aus menschlicher Interaktion und ist nicht eine Idee, die uns irgendwann eingetrichtert wurde. Wohl aber die Idee, dass Märkte reguliert und verwaltet werden sollten. Freier Handel ist lediglich das Fehlen von forcierter Einmischung in eine Interaktion zwischen zwei

Menschen durch einen Dritten. Es ist nichts inhärent Falsches oder Unmoralisches an einem Austausch von Waren oder Dienstleistungen. Jeder Einwand dagegen ist ein Nebenprodukt des aktuellen globalen Narrativs. Eines Narrativs, das uns weismacht, die Welt sei in verschiedene Nationen unterteilt, und dass die Leute in diesen Nationen unter verschiedenen gesetzlichen Rahmen agieren, je nachdem in welchem Rechtsraum sie sich befinden. All diese Ideen sind menschengemacht. Keine Spezies ausser Menschen tut sich dies an. Tiere handeln ebenfalls miteinander, treiben aber keine Politik. Bitcoin, und die Idee von wirklich solidem, endlichem Geld, lässt einen die menschlichen Sozialstrukturen im Allgemeinen hinterfragen, und die Natur des Geldes im Besonderen. Versteht man einmal, dass diese Büchse der Pandora von einer Idee von niemandem je wieder geschlossen werden kann, so wird alles relativ. Erkennt man einmal, dass es nun jedem mit einem einigermassen funktionierenden Gehirn möglich ist, ein beliebig hohes Vermögen in diesem Gehirn zu speichern, oder Vermögen anonym an ein irgendein anderes Gehirn auf der Welt zu übertragen, ohne dass es irgendwann irgendjemand merkt, dann steht alles, was man über die menschliche Gesellschaft gelernt hatte, auf dem Kopf. Alles, was man über Steuern zu wissen glaubte, oder soziale Klasse, Kapitalismus, Sozialismus, Wirtschaft oder sogar Demokratie fällt in sich zusammen wie ein Kartenhaus in einem Wirbelsturm. Es ist tatsächlich unmöglich, den Einfluss zu verstehen, den Bitcoin auf den Planeten haben wird, ohne ebenfalls die österreichische Wirtschaftslehre zu verstehen und den freiheitlichen Ansatz, dem sie entstammt.

Stell dir vor, du wächst in der Gemeinschaft der Amish auf. Bis zu deinem sechzehnten Geburtstag bist du absichtlich von der Aussenwelt abgeschirmt. Informationen darüber, wie die Welt tatsächlich funktioniert, stehen dir nur begrenzt zur Verfügung, da Internetzugang, und sogar Fernsehen und Radio in dieser Gemeinschaft verboten sind. Nun, aus einer gewissen Sicht sind wir alle Amish. Wie Geld funktioniert, wird in den traditionellen Medien oder öffentlichen Ausbildungsstätten nie ausreichend betont. Die meisten Leute glauben, dass das Geldsystem irgendwie solide und fair sei, wenn es doch überwältigende Beweise des Gegenteils gibt, und das überall auf dem Globus. Frag dich selbst, erinnerst du dich an eine Lektion über die Entstehung von Geld in der Schule? Ich mich auch nicht. Ich glaube nicht, dass es eine grosse, globale Verschwörung hinter der Tatsache gibt, dass die Ethik der Geldproduktion kein Schulthema ist, sondern dass einfach die gute alte Ignoranz für den Mangel eines solchen Themas verantwortlich ist. Sobald die Grenzen ihrer Mathe-Fähigkeiten erreicht sind, scheinen die Leute sich nicht mehr für Zahlen zu interessieren. Der Unterschied zwischen einer Million und einer Milliarde scheint einem deprimierend grossen Teil der Weltbevölkerung egal zu sein. In den kommenden Kapiteln werden wir die Fallgruben des Zentralbanksystems erkunden, lernen wie Geld aus dem Nichts entsteht und wie uns die Inflation alle an einer Leine hält.

Selbstbestimmung durch Mathematik

KAPITEL ZWEI
FINANZIELLER ATHEISMUS

"Vertraue nicht, überprüfe" ist der Slogan einer bekannten Bitcoin-Firma. Der Spruch repräsentiert eine vernünftige Einstellung nicht nur gegenüber Bitcoin, sondern gegenüber allen menschlichen Machtstrukturen. Um Bitcoin zu verstehen, muss man zugeben, dass alles in der Gesellschaft menschengemacht ist. Jede Zivilisation, jede Religion, jede Verfassung und jedes Gesetz ist ein Produkt menschlicher Imagination. Erst im 17. Jahrhundert begann die wissenschaftliche Methode als Beschreibung dessen zu dominieren, wie die Welt tatsächlich funktioniert. Peer Review, also die Bewertung durch Kollegen, und wiederholte Überprüfung der Hypothesen ist immer noch eine relativ junge menschliche Praxis. Zuvor hatten wir im Grunde einfach geraten und weitgehend irgendwelchen Autoritäten vertraut. Dies tun wir auch heute noch, und trotz unserer Fortschritte in den letzen zwei Jahrhunderten haben wir noch einen weiten Weg vor uns. Unsere Hirne sind so verdrahtet, dass sie dem Anführer einer Gruppe folgen wollen. Das menschliche Gehirn wird mit einer Fülle von kognitiven Voreingenommenheiten geboren, und wir müssen hart arbeiten, wenn wir diese überwinden wollen. Wir sind dazu evolviert, in relativ kleinen Gruppen zu überleben, und unsere Hirne sind daher nicht dafür gemacht, das grosse Ganze zu erkennen. Bitcoin's Proof-of-Work (Arbeitsnachweis) Algorithmus ist so konstruiert, dass das Opfern einer gewissen Rechenleistung zwecks Genehmigung eines Transaktionsblockes und das Einsammeln der dafür fälligen Belohnung einfach zu prüfen sind. Auf diese Weise ist kein Vertrauen in irgendeine Autorität nötig, denn es ist ziemlich trivial, die Gültigkeit eines Blockes und der darin enthaltenen Transaktionen zu verifizieren. Dies ist nichts weniger als eine vollständige Neuerfindung dessen, wie die menschliche Gesellschaft eigentlich verwaltet werden sollte. Die Eleganz der Mathematik steuert das Bitcoin System. Alles, was in Bitcoin jemals geschieht, ist offen und für jeden verifizierbar, selbst für die, die es nicht einmal selbst benutzen.

Nach den tragischen Vorfällen des 9.11.2001 begann Sam Harris, sein Buch "Das Ende des Glaubens" zu schreiben, das zufällig ungefähr zur gleichen Zeit erschien wie Richard Dawkins' "Der Gottes Wahn", Daniel Dennett's "Den Bann brechen" und Christopher Hitchens' "Der Herr ist kein Hirte: Wie Religion die Welt vergiftet". Diese Bücher leiteten das ein, was im Nachhinein oft als *Neue Atheistische Bewegung* bezeichnet wurde, obwohl man sagen könnte, dass an Atheismus nie etwas neu war. Atheismus muss fast mit Sicherheit vor Religion dagewesen sein, da religiöse Ideen von demjenigen, der einer Doktrin anhängt, den Glauben an diese Doktrin abverlangt. Atheismus ist nichts anderes als die Absage an solche Methoden, die Welt zu beschreiben, die nicht experimentell beweisbar sind. Eine Fliege an der Wand ist gemäss dieser Definition wahrscheinlich ein Atheist. Dem Atheismus wird oft vorgeworfen, lediglich ein weiterer Satz an Lebensregeln zu sein, doch das Wort selbst beschreibt es viel besser - ein Fehlen von Glauben an theistische Ideen. Es ist kein Verhaltenskodex oder Regelwerk für dein Leben, es ist schlicht die Zurückweisung dessen, was nicht wissenschaftlich überprüft werden kann. Viele Leute, besonders religiöse Leute, haben Schwierigkeiten, dies zu verstehen. Wenn man glaubt, dass ein übernatürliches Wesen alles im Leben der Menschen erschaffen hat, dann mag man sich nicht besonders wohlfühlen mit einem Wort, das die völlige Ablehnung all dessen beschreibt, von dem man glaubt, dass es alles geschaffen habe, einschliesslich des Atheisten selbst, den das Wort beschreibt. Die Menge an unterschiedlichen religiösen Weltanschauungen, die es gibt, ist vermutlich so gross wie die Menge der religiösen Menschen auf dem Planeten, aber alle Weltanschauungen, die diese abergläubischen Ansichten ablehnen, benötigen nur ein einziges Wort. Atheismus ist nicht das Gegenteil von Religion, sondern schlicht das Fehlen derselben.

Im Jahre 2008 wurde eine weitere Subkultur des Nichtglaubens geboren. Nennen wir sie Finanzieller Atheismus - die Ablehnung nicht verifizierbarer Wertebehauptung. Mit der Erfindung von Bitcoin entstand ein Weg, jedwede betrügerische Behauptung des Wertes eines Tokens (einer Wertmarke oder eines Gutscheins) abzulehnen. Diejenigen unter uns, die das Glück hatten, in einem weltlich dominierten Land geboren zu sein, erfreuen sich alle der Tatsache, dass *nicht* Tag für Tag religiöse Demagogen unser Leben diktieren. Wir können uns aussuchen, an welche Ideen wir glauben und welche wir ablehnen. Doch was wir immer noch nur sehr begrenzt ablehnen können, das ist die Art, in der wir Handelspartnern gegenüber Wert darstellen. Es wird uns vorgeschrieben, ein System zu benutzen, in dem wir alle eine gewisse Menge Tokens auf unseren Namen ausgestellt bekommen, entweder als Zahl auf einem Schirm oder als Ziffern auf papiernen Noten. Wir leben alle in der kollektiven Halluzination, dass diese Zahlen gültig sind und dass deren Authentizität nicht in Frage steht. Ein Bitcoin-Kontostand auf einer bestimmten Bitcoin-Adresse mag dem Laien zwar ebenso zweifelhaft erscheinen, aber wenn man ein grundlegendes Verständnis des Hashing-Algorithmus und der Spieltheorie dahinter hat, dann ist dies nicht mehr der Fall. Zum Zeitpunkt des Schreibens beginnt der Hash des jüngsten Blocks in der Bitcoin Blockchain mit achtzehn Nullen hintereinander. Diese Nullen repräsentieren den Proof-of-Work (Arbeitsnachweis), welcher sicherstellt, dass dieser Block gültig ist und dass jede Transaktion darin tatsächlich stattgefunden hat. Wenn man das Konzept des Hashing Algorithmus verstehen kann und ein gewisses Verständnis von Mathematik hat, dann erkennt man den ungeheuerlichen Rechenaufwand, der nötig war, um einen solchen Hash zu ermitteln. Es ist schlicht unvorstellbar. Eine gefälschte Version dieses Hashes mit achtzehn führenden Nullen zu berechnen wäre vollkommen unwirtschaftlich. Natürlich kann niemand wirklich prüfen, dass eine 51%-Attacke oder ein anderer Versuch, die Blockchain zu korrumpieren nicht stattgefunden hat, aber man *kann* wissen, dass solch ein Angriff voraussetzen würde, dass die Betreiber von mehr als der Hälfte der gesamten Hashleistung dafür ihren eigenen wirtschaftlichen Interessen zuwiderhandeln müsste. Bitcoin ist nicht etwas, an das man *glaubt*. Man braucht nicht einer Autorität zu vertrauen, denn man kann die Plausibilität der Echtheit selbst überprüfen. Es ist das finanzielle Äquivalent von Atheismus, oder Ungläubigkeit. Satoshi war nich Jesus. Satoshi war Brian von Nazareth, der seinen Anhängern gesagt hat, sie sollten selber denken.

Der erste Hauptsatz der Thermodynamik, auch bekannt als Energieerhaltungssatz, besagt, dass Energie in einem geschlossenen System weder erzeugt noch vernichtet werden kann. Der zweite Hauptsatz besagt, dass die Entropie in jedem isolierten System stets zunimmt, und der dritte Hauptsatz besagt, dass die Entropie eines System sich einem konstanten Wert annähert, wenn sich die Temperatur im System dem absoluten Nullpunkt nähert. Im Bitcoin Netzwerk wetteifern sogenannte "Miner" (Förderer oder Produzenten eines Rohstoffs im Sinne einer Mine) um neue Bitcoin in einer Lotterie mit festen Regeln. Je mehr Hashleistung (Rechenleistung) ein Miner zum Netzwerk beisteuert, desto höher sind seine Chancen, die *Block Reward* (Blockbelohnung) einzustreichen, ein bestimmter Betrag an Bitcoin zur Subventionierung des Protokolls, der sich alle vier Jahre halbiert plus alle Gebühren dieses Blocks. Der Schwierigkeitsgrad dieser Lotterie - mit anderen Worten, die Chance eines Miners, zu gewinnen - wird alle 2016 Blocks neu kalibriert, sodass die durchschnittliche Zeit, die zum Finden des nächsten Blocks nötig ist, stets etwa zehn Minuten beträgt. Was dieses System erzeugt ist absolute Knappheit; die Anzahl Bitcoins zu jedem Zeitpunkt ist immer vorhersagbar. Je mehr Zeit vergeht, desto langsamer werden neue Coins ausgegeben, und die Blockbelohnung nähert sich langsam der Null. Wenn dies geschieht, ungefähr im Jahre 2140, wird die individuelle Motivation der Miner, die Blockbelohnung einzustreichen, zumindest theoretisch der Motivation gewichen sein, die Gebühren für alle Transaktionen eines Blocks einzusammeln. Schon jetzt macht die Summe der Transaktionsgebühren einen beträchtlichen Teil des Umsatzes eines Miners aus. Doch aus Benutzersicht sind die Gebühren immer noch sehr niedrig, und weil das Netzwerk mit Lösungen auf Ebene

2 hochskaliert, wie mit Lightning Network, rechnet man damit, dass die Gebühren auch auf lange Sicht niedrig bleiben werden.

Absolute Knappheit ist ein Konzept, das die Menschheit noch nie erlebt hat. Man könnte sagen, dies ist das erste menschengemachte Konzept, das direkt mit den Gesetzen der Physik verbunden ist. Alles, was jemand tut, benötigt eine gewisse Menge an Energie. Schon das Wort "tun" impliziert, dass irgendeine Art von Bewegung, eine Art von Energieaufwendung, stattfinden muss. Wie zuvor erwähnt ist die Bewertung von Dingen subjektiv. Unterschiedliche Aktionen haben unterschiedlichen Wert für unterschiedliche Leute. Wie wir verschiedene Dinge bewerten ist auch untrennbar mit dem Angebot dieses Dinges verbunden. Würde der im Eis eingeschlossene Taucher aus dem Beispiel von vorhin eine Luftflasche mitführen, würde er den nächsten Atemzug wahrscheinlich nicht als das Wertvollste auf der Welt betrachten. Der Preis, den jemand für ein Gut zu zahlen bereit ist - mit anderen Worten, für die Summe der Aktionen einer oder mehrerer Personen - lässt sich aus zwei zugrunde liegenden Variablen ermitteln: Der höchst subjektiven *Nachfrage* und dem stets durch Zeit und Raum begrenzten *Angebot* dieses selben Gutes. Wohlgemerkt: wenn das Angebot hinreichend begrenzt ist genügt schon eine geringe Nachfrage, damit der Preis des Gutes steigt. Man könnte sagen, dass niemand Bitcoin braucht und dass daher Bitcoin keinen intrinsischen Wert hat. Man kann aber auch sagen, dass es so etwas wie intrinsischen Wert überhaupt nicht gibt, da schliesslich alle Nachfrage subjektiv ist. In jedem Fall ist es aber immer mit Kosten verbunden, Bitcoin zu fördern, und je mehr Förderleistung ("Mining Power") das Netzwerk besitzt, desto höher sind diese

Kosten. Diese Kosten, abgesichert durch den Proof-of-Work Algorithmus des Bitcoin Netzwerks, kommen wohl so nahe an die Idee von "reine Energiekosten als Preis für menschliche Aktivität" heran wie dies nur möglich ist.

Ist des Förderwerkzeug (spezielle Computer, die den Hash-Algorithmus von Bitcoin extrem effizient abarbeiten) erst einmal installiert, folgt eine einfache Konvertierung: Energie geht hinein, knappes Token (digitale Wertmarke) kommt heraus. Überschreiten die Produktionskosten den aktuellen Preis des Tokens, so kann der Förderer schlicht auf den Verkauf verzichten und damit das Angebot an zirkulierenden Bitcoin noch weiter begrenzen. Er kann sie dann irgendwann später gegen andere Güter eintauschen, wenn es ihm passt. In dieser Hinsicht ist Bitcoin wie eine Batterie. Vielleicht die beste Batterie, die je erfunden wurde. Das Speichern und Bewegen von Energie war immer teuer und ineffizient. Bitcoin bietet einen Weg, Energie in einen kleinen Teil einer bestimmten Zahl zu verwandeln. Eine mathematische Batterie, wenn man so will. Man darf nicht vergessen, dass hier Energie nicht direkt in Wert umgewandelt wird, sondern Strom in digitale Knappheit. Digitale Knappheit, mit der man Wert repräsentieren kann. Energie kann innerhalb eines geschlossenen Systems weder erzeugt noch vernichtet werden, wie der erste Hauptsatz der Thermodynamik besagt. Bitcoin kann aber ausdrücken, wie viel Energie geopfert wurde, um einen bestimmten Teil der Gesamtmenge an bitcoins zu erarbeiten. Man kann bitcoins auch kaufen statt sie selbst zu fördern, aber indem man dies tut, wendet man ebenfalls Energie auf. Man hat ja irgendwie das Geld erarbeitet, mit dem man die bitcoin kauft. Ob du selbst oder jemand anders, irgendjemand hat irgendwo Zeit und Energie dafür aufgewandt. Bitcoin lässt einen ausdrücken, dass eine Verbindung zwischen Knappheit und Wert besteht, indem es erlaubt, Energie zu opfern um einen Anspruch auf einen Teil der Gesamtmenge an bitcoins zu erheben.

Die Aufregung, die wir sogenannten Bitcoin-Maximalisten spüren, kommt nicht primär von den enormen Gewinnen, mit denen die gesegnet wurden, die früh auf den Zug aufgesprungen sind. Auch nicht, weil wir das "der Technologie wegen" machen, wie von Gegnern oft behauptet wird. Diejenigen unter uns, die die beinahe-Heiligkeit dieser Erfindung predigen, tun dies vor allem wegen der philosophischen Auswirkungen eines absolut knappen Gutes. Die Idee einer funktionierenden Lösung für das Problem der Kopierbarkeit von computerisiertem Geld (das sogenannte "double spending problem") ist eine Leistung, die schlicht nicht ignoriert werden kann. Mit der gleichen Methode, mit der er das double spending problem gelöst hat, hat Satoshi auch die Herstellung von Falschgeld unmöglich gemacht, was wiederum künstliche Inflation unmöglich macht. Das umwälzende Potential dieser Erfindung kann man nicht wichtig genug nehmen. Nicht langfristig. Je mehr man darüber nachdenkt, desto mehr lässt einem der Gedanke keine Ruhe. Wenn dieses Experiment funktioniert, wenn es *real* ist, dann wird es die Zivilisation auf eine neue Ebene heben. Was wir nicht wissen ist, wie lange das dauern wird. Stand heute drehen sich die Debatten über Bitcoin um seine Funktionalität als *Tauschmittel* und um sein Potential als *Wertspeicher*. Vielleicht reden wir an der Sache vorbei. Wir können unmöglich wissen, ob eine Art von Token, für die wir ausschließlich selbst verantwortlich sind, ohne jeglichen Schutz durch einen Dritten, jemals ein bevorzugtes

Tauschmittel für die meisten Transaktionen werden wird. Noch können wir wissen, ob der Preis von bitcoin dem Hype-Cycle-Pfad folgen wird, wie wir alle wünschen, damit bitcoin der Wertspeicher werden kann, von dem die meisten Maximalisten behaupten, dass es dies schon sei. Vielleicht haben wir uns die ganze Zeit auf das Falsche konzentriert. Vielleicht liegt Bitcoins grösste Stärke in seiner Funktion als *Werteinheit* ("unit of account"). Schliesslich ist das alles, was Bitcoin tut. Wenn du 21 bitcoin besitzt, so besitzt ein Millionstel der ersten absolut knappen Ressource dieser Welt. Das mag dich nicht über Nacht reich machen, aber es könnte sich durchaus auf die Möglichkeiten deiner Urenkel auswirken.

Im Laufe der gesamten Geschichte begann jeder prähistorische Stamm, der das zeremonielle Begräbnis erfand, sich rasch zu verbreiten. Weshalb? Weil mit dem Glauben an ein Leben nach dem Tod auch auch die Idee der Selbst-Opferung erwächst. Völker mit solchen Überzeugungen liessen sich durch einen Despoten viel leichter manipulieren und in den Kampf mit Nachbarstämmen schicken. Religiöse Anführer können die Ängste und den Aberglauben des Volkes benutzen und sie allerlei Gräueltaten an ihresgleichen verüben lassen, und sie tun das bis heute. Der Glaube an eine "grösseres Gut" kann die zerstörerischste Idee sein, auf die ein Mensch kommen kann. Die Nazis im Deutschland des zweiten Weltkriegs glaubten, die Judenvernichtung diene dem "grösseren Gut" des nationalen Genpools. Der Glaube an edle Beweggründe kommt oft mit unbeabsichtigten Nebeneffekten daher, die desaströse Konsequenzen haben können. Religiöse Anführer, politische Anführer und andere machthungrige Soziopathen sind für die schlimmsten Verbrechen gegen die Menschlichkeit verantwortlich, die jemals begangen wurden, nämlich Kriege. Wir Europäer stellen bei jedem tragischen Amoklauf in einer Schule auf der anderen Seite des Atlantiks den zweiten Anhang der US-amerikanischen Verfassung in Frage, der das Recht verbrieft, eine Waffe tragen zu dürfen. Was jeder zu vergessen scheint ist, dass vor weniger als hundert Jahren die Völker Europa sich untereinander bekriegten, weil sie ihren sogenannten Anführern zu viel Macht zugesprochen hatten. Die Nazis kamen in einer Demokratie an die Macht - vergessen wir das nie. Unsere individuellen Rechte werden und nicht von den Anführern *überlassen*, sondern wir werden mit ihnen geboren. Unsere Anführer können uns nichts *geben*; sie können uns nur zu einem gewissen Verhalten zwingen. Wenn wir wirklich unser aller Leben in die eigene Hand nehmen wollen, müssen wir selber die notwendigen Werkzeuge finden, um diesen Blödsinn zu umgehen.

KAPITEL DREI
DAS LEICHTGLÄUBIGE KOLLEKTIV

Wir Menschen sind von Natur aus voreingenommen. Alles, was wir denken, ist durch unsere kognitiven Unzulänglichkeiten auf die eine oder andere Art verzerrt. Das menschliche Gehirn war gezwungen, zu evolvieren und sich an die Umgebung anzupassen, die es im Laufe der Jahrtausende vorgefunden hat. Ein Gehirn zu besitzen, das in der Lage ist, persönliche Ziele zugunsten des Kollektivs beiseite zu legen, hat sich als vorteilhaft für die Evolution unserer Spezies erwiesen. Dasselbe gilt für jede andere soziale Lebensform. Lassen wir aber diesen Teil unseres Hirns unsere politischen Beurteilungen übernehmen, so kann dies langfristig zu desaströsen Ergebnissen führen. Nicht aus bösem Willen, sondern aus dem einfachen Grund, dass einige Individuen jedes politische System zu ihrem eigenen Nutzen verwenden. Aus evolutionärer Sicht hat eine Armee aus Jasagern und Märtyrern, egal ob wir hier von einer Armee von Menschen oder einer Armee von Ameisen oder Bakterien sprechen, einen Vorteil gegenüber einer weniger disziplinierten Armee. Aus der evolutionären Sicht des Individuums hingegen ist es besser, nur so zu erscheinen, als sei man ein Märtyrer, dann aber wegzurennen und sich zu verstecken, wenn die Schlacht tatsächlich beginnt. Dies erklärt zumindest teilweise den hohen Anteil an Soziopathen in Führungspositionen überall auf der Welt. Wenn man so tun kann als handle man zugunsten des Kollektivs, sich in Wirklichkeit aber hinter dem Rücken anderer zunehmende Macht erschleicht, so hat man größere Chancen auf Erfolg als jemand, der fair spielt.

Die Geschichte der Banken und der Fiat Währungen ist eine Geschichte kollektiven Wahns.

Historisch haben Anführer ihre Gefolgschaft durch das Versprechen auf ein Leben nach dem Tod dazu gebracht, sich gegenseitig abzuschlachten. Das Zentralbanksystem erlaubte es den Anführern der Weltkriege, durch Drucken von mehr Geld die Leute zum Aufbau von Armeen zu bringen. Dies wird im Geschichtsunterricht selten gelehrt, denn es geschieht immer noch in grossem Umfang. Inflation mag jetzt zwar nicht mehr den Arbeiter in einer Panzerfabrik bezahlen, aber sie ist dennoch der Hauptmechanismus, mittels dessen Wohlstand in die Taschen der Superreichen gestopft und allen anderen weggenommen wird. Inflation ist der Mechanismus, der uns daran hindert, den Wert unserer Arbeit über die Zeit zu retten. Sie hindert uns daran, wirklich langfristig zu denken. Wir betrachten dies fast nie als Problem, denn niemand von uns hat je eine Alternative dazu kennengelernt. Geld wird vom allergrößten Teil der Weltbevölkerung immer noch vollkommen missverstanden. In den meisten Teilen der Welt üben Banken etwas aus, das als *teilreservebasierte Kreditvergabe* bezeichnet wird. Das bedeutet sie können Geld verleihen, dass sie nicht besitzen. Sie zaubern neues Geld aus dem Nichts herbei und leihen es Ihren Kunden als Kredite aus. Kredite, die mit Zinsen wieder zurückgezahlt werden müssen. Zinsen, die nicht mit Nichts zurückgezahlt werden können, sondern mit sogenanntem echtem Geld. Echtes Geld, von dem es nicht genug gibt, um alle Kredite zurückzuzahlen, so dass ein konstanter Bedarf für neuen Kredit ein kritischer Teil des gesamten Systems wird. Nicht zu vergessen, dass Zentralbanken dasselbe tun, und noch schlimmer Regierungen. Wir sind mittlerweile so daran gewöhnt, dass von jedem Land schon eine Staatsverschuldung erwartet wird. Von allen bis auf eine Handvoll lächerlich reicher Staaten. Staatsschulden sind ebenfalls Kredite, die mit Zinsen zurückgezahlt werden müssen und die mit nichts hinterlegt sind. Denke einmal darüber nach. Deine Steuern zahlen die Zinsen von jemand anderem. Deine Steuern zahlen nicht die Bypass-Operation deiner Großmutter, sondern die Zinsen an eine Zentralbank.

Als die Ideen der katholischen Kirche Europa beherrschten gab es nur wenige Leute, die nicht an Gott glaubten, und diese sprachen selten offen darüber. Sie hatten dazu guten Grund, denn der Glaube an Gott war praktisch für die gesamte Gesellschaft vorgeschrieben. Seit dem Jahre 1971, als der bekanntermassen unredliche amerikanische Präsident Richard Nixon den letzten Faden zerschnitt, mit dem der Wert des US-Dollars an den von Gold gekoppelt war, ist unsere Vorstellung dessen, was Weltwirtschaft ist und was sie sein sollte, von einem vollkommen kaputten System verzerrt. Uns wird weisgemacht, wir sollten länger und länger arbeiten und mehr und mehr ausgeben und uns tiefer und tiefer in Schulden eingraben, um die Maschine am Laufen zu halten. Man spiegelt uns vor, alle zwei Jahre ein neues Auto zu kaufen sei irgendwie umweltfreundlich. Dass es den Planeten rettet, wenn wir mit einer Baumwolltasche Einkaufen gehen. Einkaufsläden manipulieren uns ununterbrochen durch Werbung und Produktplatzierungen, aber man erzählt uns, dass wir verantwortlich handeln, solange wir klimabewusst einkaufen. Irgendwie soll unser Bruttosozialprodukt unendlich wachsen, während Politiker uns mit Hilfe einer Kohlendioxidabgabe vor uns selbst schützen. Zum Glück für uns, und zum Leidwesen der Politiker, gibt es jetzt einen Weg für Nichtanhänger dieses Glaubens, heraus zu optieren. Das Leben findet einen Weg, wie es Michael Crichton einmal so famos formuliert hat.

Kollektivismus hat schon viele Gesellschaften ruiniert. Diejenigen unter uns, die das Glück haben, in einer liberalen Demokratie zu leben, vergessen aber leicht, dass auch Demokratie ein unfreiwilliges System ist. Es wird oft als die "schlechteste Regierungsform bis auf alle anderen, die man ausprobiert hat" bezeichnet, aber das System selbst wird nur selten kritisiert. Wir sind so an das regiert Werden gewöhnt, dass es den meisten von uns lächerlich vorkommt, keinen Anführer zu haben. Stillschweigend zahlen wir unsere Steuern, und ein enormer Anteil der Früchte unserer Arbeit landet durch Inflation und die Besteuerung von allen nur erdenklichen Dingen und Dienstleistungen bei Dritten. Institutionen die erst einmal errichtet wurden, sorgen immer zuallererst für ihr eigenes Überleben, genau wie dies jedes Lebewesen tut. Leute, die im öffentlichen Sektor arbeiten, wählen selten gegen solche Massnahmen, die ihren Lebensunterhalt gefährden. Das ist ein grösseres Problem als uns klar ist, denn es ist unterschwellig und wirkt langfristig, aber jede Demokratie läuft in die gleiche Richtung. Ein grösserer Staatsapparat, ein komplizierteres System und weniger individuelle Freiheiten. Auf lange Sicht scheint es, als ob all unsere Systeme jene bevorzugen, die das System auszutricksen verstehen und nicht diejenigen, die zur Gemeinschaft den grössten Wert beitragen. Befürworter sozialistischer Politik behaupten oft, dass untergegangene sozialistische Staaten "keine echten Sozialisten" waren, oder dass es "kein echter Sozialismus" gewesen sei. Was die meisten Leute nicht merken ist, dass wir auch noch nie echten Kapitalismus ausprobiert haben, da wir immer mehr oder weniger inflationäre Währungen benutzt haben. Dies kann sehr wohl das am meisten verzerrte Narrativ unserer Ära sein. Wir erleben alle täglich echten, wenn auch versteckten, Sozialismus. Echter freier Marktkapitalismus ist das, was wir noch nicht probiert haben, und es ist gut möglich, dass dieser etwas völlig anderes ist als das, was wir von fast allen Massenmedien erzählt bekommen.

Über die Gültigkeit der klassischen Links-Rechts-Aufteilung des politischen Spektrums ist in letzter Zeit viel debattiert worden, und alternative Skalen, wie GAL-TAN, mit einer zusätzlichen Y-Achse zum Auftragen von mehr oder weniger autoritären Tendenzen, tauchen in den verschiedensten Zusammenhängen im Web auf. Nach der Geburt von Bitcoin gibt es eine neue Betrachtungsweise. Betrachte einen Nullpunkt und einen Vektor, der von dort aus nach links zeigt. Man kann sagen, alle Politik ist links, da alle Politik von Steuergeld bezahlt werden muss, und Besteuerung kann man als Diebstahl sehen. Besteuerung kann deshalb als Diebstahl gesehen werden, weil sie im Kern unfreiwillig ist. Wenn eine Person sich weigert, Steuern zu bezahlen, so steht eine Gewaltandrohung im Hintergrund. Nicht zu vergessen die Inflation, die Milton Friedman so elegant als "Besteuerung ohne Gesetzgebung" bezeichnet hat. Was du mit dem Anteil deines Vermögens anstellst, das du in bitcoin hast, ist eine völlig andere Sache. Wenn du ausreichende Vorsichtsmassnahmen triffst, deine Privatsphäre schützt und weisst was du tust, dann haben deine Angelegenheiten mit bitcoin überhaupt nichts mehr mit Politik zu tun. Mit Einführung des Lightning Netzwerks und anderen Verbesserungen zum Schutz der Privatsphäre ist es für Dritte jetzt unmöglich, dein Geld zu konfiszieren, oder auch nur zu wissen, dass du welches besitzt. Das ändert die politische Landschaft jeder Nation der Erde. Bitcoin ist viel weniger konfiszierbar als Gold und andere knappe Wirtschaftsgüter, was es zu einem viel besseren Instrument zur Absicherung gegen Nationalstaaten macht. In diesem Sinne macht Bitcoin Grenzen überflüssig. Man kann jede Grenze der Welt mit einem beliebigen Betrag in bitcoin *im Kopf* überschreiten. Denk einmal darüber nach. Deine bitcoins existieren gleichzeitig in allen Ländern der Welt. Jede verhängte Einfuhrobergrenze für Geld ist durch die Eleganz der Mathematik obsolet geworden. Bitcoin wird manchmal als "virtuelle Währung" bezeichnet. Das ist eine sehr ungenaue Beschreibung. Bitcoin ist einfach Mathematik, und Mathematik ist so ziemlich das Realste, was es gibt. Nicht ist daran virtuell. Kontraintuitiv für manche, aber dennoch real.

Die Komplexität menschlicher Sozialhierarchien und Machtstrukturen wird in der klassischen Kindergeschichte "Des Königs neue Kleider" von Hans Christian Andersen perfekt beschrieben. Sieht man die Welt wie das Kind, das in der Geschichte darauf hinweist, dass der König nackt ist, ergibt alles plötzlich einen Sinn. Alles in der menschlichen Gesellschaft ist menschengemacht. Nationen, Anführer, Gesetze, politische Systeme. Das sind alles Luftschlösser mit nichts dahinter als der vagen Androhung von Gewalt. Bitcoin ist da völlig anders. Es ermöglicht jedem Individuum jederzeit, die Gültigkeit des Systems selbst zu überprüfen. Wenn man wirklich tief darüber nachdenkt ist Moralität eigentlich einfach: Tu niemandem weh und nimm niemanden etwas weg. Das ist die Grundlage. Menschen haben nur zwei Wege zur Konfliktlösung, nämlich Aussprache und Gewalt, und in diesem Sinne kann "jemandem weh tun" nur körperliche Gewalt bedeuten. Das ist der Grund, weshalb Redefreiheit so wichtig ist und man das Recht des Menschen, sich frei auszudrücken, stärker verteidigen sollte als alles andere. Es geht nicht darum, sich selbst zu artikulieren, es geht um dein Recht, allen Seiten aller Streitgespräche zuhören zu können und deshalb nicht auf Gewalt zurückgreifen zu müssen, wenn ein Interessenkonflikt auftritt. Man kann die Freiheit der Sprache nicht einfach durch noch mehr Sprache einschränken, es bleibt immer die Gewaltandrohung hinter diesen Begrenzungen. Code, aus dem sowohl Bitcoin als auch das Internet bestehen, *ist Sprache*. Jede Einschränkung oder Regulierung bezüglich Bitcoin, die eine Regierung umsetzt, ist nicht nur eine Zurschaustellung der Zensurfestigkeit von Bitcoin, sondern auch ein Test, wie diese Regierung zur Freiheit von Sprache steht. Eine Einschränkung in der Benutzung von Bitcoin ist eine Einschränkung der Redefreiheit. Denke daran, dass die einzige Alternative zur Redefreiheit die Gewalt ist. Code ist Sprache, Mathematik ist Sprache und Geld ist ein sprachliches Werkzeug. Ein sprachliches Werkzeug, das wir als Mittel benutzen, uns gegenseitig Wert zu repräsentieren und über Raum und Zeit zu transportieren. Jede Einschränkung oder Regulierung dessen, wie man Wert ausdrückt, zum Beispiel ein Verbot, bitcoin mittels Kreditkarten zu kaufen, beweist, dass das Geld auf deinem Konto dir in Wirklichkeit gar nicht gehört. Wenn Leute dies merken, geht die Nachfrage nach bitcoin *hoch*, nicht herunter. Wenn du weisst was du tust, brauchst du die Regulatoren nicht zu fürchten. Diese aber haben allen Grund zur Furcht vor einer Erfindung die schamlos ihren Bann bricht.

KAPITEL VIER

UNBEFLECKTE EMPFÄNGNIS

Manche Konzepte in der Natur sind für uns Menschen schwerer begreiflich als andere. Wie komplexe Dinge aus Einfachen entstehen gehört dazu. Eine Termitenkolonie zum Beispiel hat ein komplexes Kühlsystem in ihren unteren Ebenen. Keine Termite weiss, wie das funktioniert. Des Endergebnisses völlig unbewusst, bauen sie komplexe Hügel und Nester, Röhren zum Schutz ihrer Wege und Netzwerke von unterirdischen Tunneln, um ihre Erdstädte miteinander zu verbinden. Alles erscheint organisiert und geplant, aber das ist es nicht. Die Evolution hat die Termiten mit einem Pheromonrezeptor ausgestattet, der jeder Termite sagt, mit welcher Aufgabe sie sich beschäftigen soll, indem er einfach die Anzahl benachbarter Termiten zählt, die dasselbe bereits tun. Gibt es einen Überfluss an Arbeitern in einem Gebiet, werden Termiten in der Nähe zu Soldaten und so weiter. Komplexe Strukturen entstehen aus einfachen Regeln. Die fraktalen Muster, die überall in der Natur auftreten, sind ein weiteres Beispiel. Fraktale sehen komplex aus, sind es aber in Wirklichkeit überhaupt nicht. Es sind im Grunde nur Algorithmen. Dasselbe Muster, immer und immer wieder wiederholt, mit einem leicht abgewandelten Anfangspunkt. Das menschliche Gehirn ist ein ausgezeichnetes Beispiel für ein komplexes Gebilde, das sich aus einfachen Dingen entwickelt hat, und wir Menschen haben immer noch Schwierigkeiten zu glauben, dass es nicht durch einen gezielten Entwurf entstand. Religionen, die ihrerseits als emergente Systeme auf der Basis menschlicher Interaktionen entstanden, bieten eine Fülle von Erklärungen für unsere Herkunft. Alle möglichen wilden Genesis-Geschichten sind breiter akzeptiert als die einfache Erklärung, dass sich unsere Komplexitäten einfach dadurch ergaben, dass schlichtere Dingen einfachen Regeln folgten, mit denen die Natur selbst unsere Welt ausgestattet hat.

Überall treten komplexe Systeme als Resultat menschlicher Interaktionen zutage. Das Telefon in deiner Tasche ist Resultat eines ganzen Jahrhunderts im wesentlichen freien globalen Wettbewerbs, und kein einzelner Mensch hätte je so etwas erfinden können. Das Gerät, zusammen mit seiner Internetverbindung, ist zu viel mehr fähig als die Summe seiner Teile vermuten lässt. Ein kleines Gerät, das sofortigen Zugang zu praktisch allem ermöglicht, was die Welt an Literatur, Musik und Film bietet und dabei in deine Hosentasche passt, war noch vor zwanzig Jahren unvorstellbare Science Fiction. Bitcoin, von Satoshi Nakamoto zum ersten Male beschrieben zehn Jahre bevor diese Zeilen geschrieben wurden, wurde als dezentralisiertes System entworfen, aber es dauerte Jahre, bis das Netzwerk die ersten Anzeichen echter Dezentralität zeigte. Solides Geld, oder absolute digitale Knappheit, trat aus dem Netzwerk nicht nur aufgrund seines technischen Designs hervor. Wie die ersten zehn Jahre von Bitcoin verliefen spielte eine riesige Rolle darin, wie sich echte Dezentralität bilden konnte und das ist auch der Hauptgrund dafür, warum dieses Experiment nicht wiederholt werden kann. Knappheit im Internet konnte nur einmal erfunden werden. Satoshis Verschwinden war Bitcoins erster Schritt in Richtung echte Dezentralität. Das Fehlen von Marketing und die Zufälligkeit dessen, wer auf den Zug zuerst aufspringen würde, waren die darauffolgenden Schritte. Bitcoin hatte eine wahrhaft unbefleckte Empfängnis. Das Netzwerk zeigte sich besonders in den letzten Jahren bemerkenswert resistent gegenüber Änderungen und seine gegenwärtige Ausprägung könnte angesichts der Netzwerkgrösse und der benötigten 95% Zustimmung für eine Änderung der Konsensregeln bereits seine finale sein. Es ändert sich möglicherweise nie mehr. In diesem Fall wird eine neue, komplexe Lebensform aus einem einfachen Regelwerk entstanden sein. Selbst wenn künftig kleinere Upgrades implementiert werden, wird doch die 21 Millionen bitcoin Angebotsdeckelung für immer in Stein gemeisselt bleiben. Bitcoin ist nichts, zu dem unsere Meinung etwas beizutragen hat; es existiert unabhängig davon, was irgendjemand davon denkt, und es sollte mehr untersucht werden als diskutiert. Wir wissen nicht, was echte Knappheit und ein wahrhaftig freier, globaler Markt mit unserer Spezies machen wird, aber wir sind dabei, es herauszufinden. Anders zu denken ist naiv. Verschiedene Futuristen und Weltuntergangspropheten blicken in letzter Zeit gebannt auf die Gefahren der bevorstehenden Singularität der Allgemeinen Künstlichen Intelligenz, warnen uns vor dem Punkt, ab dem es kein Zurück mehr gibt, von wo ab sich künstliche Intelligenz selbst schneller verbessern kann als es irgendein Mensch könnte. Ein solches Szenario könnte wie Nachrichtenkorrespondent Ron Burgundy sagen würde, schnell eskalieren. Das mag uns Sorgen machen oder nicht, aber in der Zwischenzeit ist direkt vor unserer Nase bereits ein anderer Typ von unaufhaltbarem digitalem Leben entstanden, und er ändert bereits das Verhalten und die Neigungen von Millionen von Leuten auf der ganzen Welt. Das ist wahrscheinlich schlecht für Grosskonzerne und Regierungen, aber gut für den normalen Menschen auf der Suche nach ein wenig Freiheit. Das zumindest glauben diejenigen unter uns, die Anhänger der österreichischen Wirtschaftslehre sind. Diesmal finden wir heraus, ob diese gültig ist oder nicht. Niemand weiss, wohin es führen wird und welche Wahrheiten sich aus dieser neuen Realität ergeben werden.

Anders als Termiten sind wir Menschen in der Lage, die Grossartigkeit unserer Fortschritte zu erleben. Wir können mit Bewunderung auf die Sixtinische Kapelle blicken oder auf die Pyramiden, und wir können in die Detailfragen und die kurze Geschichte von Bitcoin eintauchen und dabei neue Arten und Weisen lernen, über Geld nachzudenken. Geld ist die Sprache, in der wir über Zeit und Raum hinweg gegenseitig Wert repräsentieren. Nun kann diese Sprache von Computern gesprochen werden. Wert, der in dieser Sprache ausgedrückt wird, kann nicht mehr durch Inflation oder Falschgeld verdünnt werden. Es ist eine Sprache, die grenzenlos, erlaubnisfrei, interpersonell, anonym (wenn man es kann), unwiederholbar, komplett knapp, unverdünnbar, unveränderbar, unangreifbar, unzensierbar, fungibel und frei zur Benutzung für alle auf der Erde ist. Es ist eine Sprache für die Zukunft , die aus einer gewissen Reihe von Ereignissen in der Vergangenheit hervorgegangen ist. Alle Sprachen sind Beispiele komplexer Systeme, die sich aus einfacheren Dingen ergaben, und Bitcoin ist ebenso organisch evolviert wie jede andere menschliche Sprache.

Dezentralität ist schwer zu erreichen. Sehr schwer. Wenn es um die Behauptung von Dezentralität geht, hilft es, auch in Bezug auf solche Behauptungen einen "Vertraue nicht, prüfe" Ansatz zu fahren, um das Rauschen auszufiltern. Wie kann also die Gültigkeit von Bitcoins Dezentralität verifiziert werden? Das ist eine schwierige Frage, weil Dezentralität keine binäre Eigenschaft ist, wie Leben oder Tod, sondern ein eher schwer zu definierendes Konzept. Dennoch, die fundamentalen Konzepte von Bitcoin, wie das 21 Millionen Limit der Coin Ausgabe oder das zehn-Minuten-Block-Intervall als Ergebnis der Anpassung des Schwierigkeitsgrades und der Proof-of-Work Algorithmus, das alles hat sich nicht geändert seit der frühesten Geschichte des Bitcoin Netzwerkes. Dieses Ausbleiben von Änderungen, das man als die grösste Stärke von Bitcoin bezeichnen könnte, wurde durch die Konsensregeln erreicht, die festlegen, was die Blockchain ist. Einige spezielle Mechanismen, zum Beispiel BIP9 (BIP = Bitcoin Improvement Proposal, Bitcoin-Verbesserungsvorschlag, der Übers.) werden manchmal benutzt, um Änderungen der Konsensregeln auszurollen. Diese Mechanismen verwenden einen Schwellwert beim Abzählen der Blocks, die für einen bestimmten Upgrade stimmen. Zum Beispiel aktivierte sich der Upgrade "Segregated Witness" (abgetrenntes Zeugnis) in einem Knoten dann, wenn 95% oder mehr der Blocks innerhalb einer Neujustierungsperiode Unterstützung für diesen Upgrade signalisierten. Bitcoin hat über die Jahre eine bemerkenswerte Unveränderbarkeit bewiesen und es ist angesichts der vielfältigen Motivationen zum Betrug, die Geldsysteme stets zu korrumpieren scheinen, höchst unwahrscheinlich, dass dies so passiert wäre, wenn die spieltheoretischen Mechanismen, die seinem Steuerungsmodell zugrunde liegen, nicht funktionieren würden. Mit anderen Worten, je länger das System zu funktionieren scheint, desto höher ist die Wahrscheinlichkeit, dass es dies auch tatsächlich tut.

Satoshi hat die Länge der Halbierungsperiode in Stein gemeisselt, einen sehr wichtigen Aspekt von Bitcoins Emissionsplan und Anfangsverteilung. Während der ersten vier Jahre seiner Existenz wurden fünfzig neue bitcoin alle zehn Minuten geschöpft, bis vier Jahre später die erste Halbierung der Blocksubvention geschah. Alle vier Jahre wird die Subvention halbiert, sodass die Ausgaberate jeweils um fünfzig Prozent fällt. Das bedeutet im Effekt, dass die Hälfte aller bitcoin, die je existieren werden, in den ersten vier Jahren im Leben dieses Netzwerkes gefördert wurden, ein Viertel während der nächsten vier Jahre und so weiter. Zum Zeitpunkt des Schreibens dieser Zeilen sind wir von der dritten Halbierung etwas mehr als ein Jahr entfernt. Danach werden alle zehn Minuten nur noch 6,25 bitcoin erzeugt statt fünfzig, was ja die Anfangsrate war. Was dies anscheinend tut ist, Hype-Cycles (Übertreibungszyklen) für die Akzeptanz von Bitcoin zu erzeugen. Jedesmal wenn der Preis von bitcoin rapide steigt und dann auf einen Pegel oberhalb des Ausgangswerts abfällt, findet ein solcher Hype-Cycle statt. Bitcoin hatte keinerlei Marketing, daher musste ein anderer Mechanismus für das Bekanntwerden sorgen. Zu Beginn eines "Bull Run" (rapides Ansteigen des Preises aufgrund überschäumenden Optimismus', der Übers.) fangen Leute an, über dieses Phänomen zu sprechen, was zu mehr Leuten führt , die "FOMO" bekommen (Fear Of Missing Out, Torschlusspanik, der Übers.), was unweigerlich den Preis noch schneller steigen lässt. Dies führt zu mehr FOMO und weiter und weiter treibt es den Bullenmarkt in die Höhe bis das Ganze plötzlich endet und der Preis herunterfällt bis irgendwo um, oder meist etwas oberhalb von, dem Pegel, den es vor der Bull Run hatte. Anders als bei den meisten anderen Anlagen kollabiert der Preis von bitcoin eigentlich nie vollständig. Warum? Weil jedesmal, wenn ein Hype Cycle kommt, ein paar Leute mehr über Bitcoins Fundamentaldaten lernen und dem Drang zu verkaufen auch dann widerstehen, wenn fast alle Hoffnung verloren scheint. Sie verstehen, dass diese Bullenmärkte aufgrund der Natur des Protokolls ein wiederkehrendes Phänomen sind. Diese Zyklen erzeugen neue Wellen von Missionaren, die Bitcoin fördern einfach wegen dem, was sie durch einen Preisanstieg gewinnen würden. In gewisser Weise bezahlt auf diese Weise das Protokoll für seine eigene Förderung. Dieses organische Marketing erzeugt eine Menge Rauschen und Verwirrung, weil zahlreiche Leute, die nicht einmal verstehen wie Bitcoin funktioniert, trotz ihres Verständnismangels ziemlich lautstark darüber reden. Ablenkungsmanöver wie Altcoins und Ableitungen von Bitcoin (sogenannte "Forks") werden dann während eines Bärenmarktes auf natürlichem Wege ausgesondert. Jedesmal wenn ein Bullenmarkt beginnt, wird eine neue Generation Bitcoiner geboren. Die Vier-Jahres-Periode zwischen den Halbierungen scheint einen beabsichtigten Sinn zu haben. Satoshi hätte genausogut eine gleitende Ausgabekurve in das Bitcoin-Protokoll programmieren können, aber das tat er nicht. So, wie sich die Ereignisse entwickeln, hatte er auch anscheinend guten Grund dafür, weil diese Hype Cycles einen effektiven Aufnahmemechanismus bieten und mit den Halbierungen zuammenzuhängen scheinen. Sie machen den Preis von Bitcoin sicherlich volatil aber bedenke, dass in diesem frühen Zustand die

Volatilität für das Entstehen der Hype Cycles nötig ist. Später, wenn Bitcoins *Stock-to-Flow-Ratio* (Verhältnis von Bestand zu Neuproduktion, der Übers.) höher ist, wird sich die See beruhigen und der Volatilitätslevel sinken. In Wirklichkeit hat er das schon getan. Der letzte Preisverfall um ungefähr 80% war weit weniger als das Schlimmste, was wir von Bitcoin gesehen haben. Diese Technologie steckt immer noch in den Kinderschuhen und es ist sehr wahrscheinlich, dass wir eine Menge mehr Volatilität sehen werden, bevor der Mainstream darauf anspringt und eine Hyperbitcoinisierung passiert (analog zur Hyperinflation ein fulminant zunehmender Wechsel aller Fiat-Anlagen auf Bitcoin, der Übers.).

KAPITEL FÜNF

PROOF OF WORK

Drehen wir für eine Weile die Zeit zurück und stellen wir uns vor, wie das Geweih des imposanten Elches sich entwickelt hat. Man nimmt ja an, dass der Hauptzweck eines grossen Geweihs für das Männchen darin besteht, potentielle Partner zu beeindrucken. Sie sind ein bisschen wie die Federn eines Pfaus, oder der bunte Kragen irgendeines männlichen Vogels. Das Tier versucht zu signalisieren, dass es trotz dieses enormen Anhängsels in seiner Umgebung gedeihen kann. Es signalisiert, dass dieses spezielle Exemplar dem Weibchen starken, gesunden Nachwuchs bescheren wird. Dies sind natürlich alles evolutionäre Metaphern, das Tier selbst ist sich wahrscheinlich nicht bewusst, dass es irgendetwas signalisiert. Damit ein solches Geweih evolvieren konnte, mussten aber eine ganze Menge Elche jung sterben, oder zumindest keine Reproduktionsmöglichkeit gehabt haben, und das über tausende von Generationen. Mit anderen Worten wurden eine Menge Ressourcen verschwendet. All dies damit das Tier seinen Wert gegenüber einem potentiellen Partner repräsentieren kann. Deswegen erscheinen die vorgenannten Ressourcen dem heutigen Tier nicht als verschwendet, sondern als geopfert.

Der Proof of Work (Arbeitsnachweis) Algorithmus von Bitcoin tut etwas ähnliches. Er gibt den Minern die Möglichkeit, eine gewisse Menge Strom zu opfern; eine echte Alltagsressource, um eine bestimmte Zahl zu ermitteln und auf diese Weise zu beweisen, dass sie eine Menge Zeit und Aufwand in die Suche nach diese Zahl investiert haben. Und Zeit ist—nebenbei—die knappste aller Ressourcen überhaupt. Wegen all dessen ist ein Bitcoin Miner selten gewillt, bitcoin mit Verlust zu verkaufen. Der Strom ist bereits verbraucht wenn die neuen bitcoin entstehen und der Miner hat keine andere Chance, sein Geld zurückzubekommen, als die bitcoin für mehr Geld zu verkaufen, als deren Produktion ihn an Strom gekostet hat. Dies unter der Voraussetzung, dass die Fixkosten für die Gerätschaften bereits bezahlt sind. Proof of Work ist in gewissem Sinne eine Methode, um Rechenleistung in Geld zu verwandeln. Ja, diese Geräte verbrauchen eine Menge Energie, aber die verbrauchte Energie steht in direktem Zusammenhang mit dem echten Wert des Tokens. Jede Verringerung des Energieaufwands würde auch zu einem Abfall im Wert des Tokens führen. Nicht notwendigerweise des *Preises*, wohl aber des *tatsächlichen Wertes*. Das ist auch der Hauptgrund, weshalb die Mining Algorithmen nicht weniger Energie verbrauchen oder effizienter arbeiten müssen. Die "Verschwendung" von Energie ist der springende Punkt. Keine "Verschwendung", kein Investitionsbeweis.

Die fundamentalen Prinzipien von Bitcoin wurden 2008 in Stein gemeisselt, und Block #0, der sogenannte *Genesis Block*, wurde im Januar 2009 produziert. In Bitcoin wird im Schnitt alle zehn Minuten ein Block erzeugt. In den ersten vier Jahren seiner Existenz enthielten diese Blocks eine Block Subvention in Höhe von 50 bitcoin für den Miner, der den Block und die dazugehörige Zahl ermittelt hat. Diese Subvention halbiert sich alle vier Jahre, sodass die maximale Anzahl bitcoins, die je existieren werden, knapp unter 21 Millionen liegt. Alle 2016 Blocks, also etwa alle zwei Wochen, wird die Schwierigkeit, die Zahl zu finden, neu kalibriert, sodass die durchschnittliche Zeit zum Produzieren eines neuen Blocks bei 10 Minuten bleibt. Der Wert dieser Eigenschaft und sein Einfluss auf die Emission neuer bitcoins wird oft unterschätzt. Es ist eine der Eigenarten von Bitcoin, die es von Gold und anderen Wirtschaftsgütern auf subtile, aber ungeheuer mächtige Weise unterscheidet. Wenn der Preis von Gold oder Silber oder Öl oder irgendeinem anderen Wirtschaftsgut steigt, wird die Produktion dieses Gutes rentabler und es werden mehr Ressourcen zu dessen schnellerer Produktion bereitgestellt. Dies wiederum gleicht den Preis wieder aus, weil das Gesamtangebot des Gutes zunimmt. Gold hat es nur deswegen geschafft, seinen Wert über lange Zeit stabil zu halten oder gar zu steigern, weil es eine hohe Stock to Flow Ratio besitzt. Mit Stock ist das gesamte derzeit am Markt befindliche Angebot gemeint. Als Flow wird der Zufluss zum Angebot pro Zeiteinheit bezeichnet. Je grösser der Stock im Vergleich zum Flow ist, desto weniger Einfluss hat eine Preissteigerung auf das Gesamtangebot. In Bitcoin hat der Preis praktisch überhaupt keinen Einfluss auf die Ausgaberate, den Flow, weil die Schwierigkeit zum Produzieren eines Blockes ständig auf eine konstante Ausgaberate hin optimiert wird. Kein anderes Wirtschaftsgut hat sich je so verhalten und wir müssen erst noch herausfinden, welchen Einfluss seine Existenz auf die Weltwirtschaft haben wird.

Wie wird nun einen Block in der Bitcoin Blockchain (Kette von Blocks) produziert? Kurz gesagt funktioniert der Mining Prozess etwa wie folgt: Jeder aktive Knoten im Bitcoin Netzwerk hat eine Kopie des *Mempool* (Speicher-Reservoir), der alle Bitcoin Transaktionen enthält, die noch nicht bestätigt wurden. Der Miner steckt so viele Transaktionen wie die Maximalgrösse des Blocks zulässt, in einen Block, wobei er normalerweise lukrativere Transaktionen bevorzugt, also solche, die ihm höhere Gebühren überlassen. Anschließend fügt er eine Zufallszahl hinzu, die als *Nonce* ("Number used Once", eine nur einmal verwendete Zahl, der Übers.) bezeichnet wird, und produziert von dem Ganzen einen als Hash bezeichneten digitalen Fingerabdruck mittels des SHA256 Hash-Algorithmus. Ein Hash-Algorithmus verwandelt Daten in eine Kette von Ziffern. Beginnt der resultierende Hash mit einer bestimmten Mindestanzahl von Nullen, welche aus dem aktuellen Schwierigkeitsgrad des Netzwerkes hervorgeht, so gewinnt der Miner diesen Block, erhält die Block-Subvention, sammelt alle Gebühren ein und darf den Block an die Blockchain anhängen. Das Schöne an diesem System ist, dass es trivial für alle Knoten im Netzwerk ist, den Block zu überprüfen, sodass kein Geld doppelt ausgegeben werden kann, aber es ist so gut wie unmöglich, einen gefälschten Hash zu produzieren, da die Wahrscheinlichkeit, einen Hash zu finden, der mit so vielen Nullen beginnt wie es die vom Bitcoin System vorgegebene Schwierigkeit erfordert, äusserst gering ist. Für einen Laien sieht ein Hash, der mit einer gewissen Zahl Nullen beginnt, aus wie eine Zufallszahl, aber jemand, der die Mathematik dahinter versteht, sieht etwas anderes. Die führenden Nullen sind der Beweis für die enorme Aufgabe, unfassbar viele verschiedene *Noncen* auszuprobieren, um einen Treffer zu finden. Wenn man in der Lage ist, diese gewaltigen Zahlen zu verstehen, wird einem schnell klar, dass eine solche passende Nonce nur unter Einsatz einer absolut massiven Rechenleistung gefunden werden konnte. Der Beweis liegt in den führenden Nullen. Vergleicht man nur die Hashrate der führenden fünf sogenannten Krypto-Währungen miteinander, so wird schnell klar, dass Bitcoin von der Sicherheit her in einer ganz anderen Liga spielt. Aus Sicht des Verhältnisses von Hashrate zu Sicherheit ist die Ethereum Blockchain etwa fünfmal weniger effektiv und die Litecoin Blockchain etwa zehnmal weniger effektiv als die Bitcoin Blockchain, während diese Zeilen geschrieben werden (Quelle: howmanyconfs.com). Und dies zusätzlich zu der offensichtlich stärker zentralisierten Natur dieser "Alternativen".

Einige der Zukunftsforscher und Weltuntergangspropheten, die in Kapitel vier als die Leute bezeichnet wurden, die uns am ehesten vor der Gefahr einer anstehenden Singularität der Künstlichen Intelligenz warnen würden, glauben, dass wir bereits in einer simulierten Realität leben. Das Hauptargument für diese Weltsicht ist, dass wir wegen der sich anscheinend immer schneller beschleunigenden Geschwindigkeitszunahme von Simulationen und Computergrafik gar nicht wissen können, ob wir nicht bereits in einer Simulation leben. Um es anders zu formulieren: wir können nicht wissen, ob wir in der Matrix leben oder ob es lediglich die von uns wahrgenommene Realität gibt. Ein wirklich überwältigendes Gegenargument zu dieser Theorie ist, dass Bitcoins Proof of Work Algorithmus die Simulation irgendwann verlangsamen würde, da Proof of Work verifizierbar ist und selbst nicht simuliert werden kann. Es müsste trotzdem irgendwo, von irgendwem Rechenleistung aufgewendet werden. Es bleibt aber eine Frage: Könnten Bewohner einer simulierten Realität eine Verlangsamung der Simulation, in der sie sich befinden, überhaupt wahrnehmen oder messen?

Selbstbestimmung durch Mathematik

KAPITEL SECHS

KNAPPHEIT

Was macht eine Ware knapp? Was ist überhaupt Knappheit? Welche anderen Eigenschaften können aus der Knappheit eines Gegenstandes hergeleitet werden? Wie hängen Knappheit, Energie, Zeit und Wert zusammen? Knappheit scheint oberflächlich leicht zu beschreiben zu sein, ist es in Wirklichkeit aber nicht. Nicht wenn man Unendlichkeit mit einbezieht. Unendlichkeit ist ein Konzept, das den menschlichen Geist schon verwirrt, seitdem er es sich vorstellen kann. Sofern er das überhaupt je konnte. Es ist ein sehr abstraktes Konzept und es ist immer an Zeit gekoppelt, schon weil allein das Ausdenken einer unendlichen Zahl eine unendliche Zeit in Anspruch nehmen würde. Wenn wir wirklich in einem unendlichen Universum leben, kann es keine Knappheit geben. Wenn etwas in einem unendlichen Universum existiert, dann muss es auch eine unendliche Anzahl Kopien davon geben, da die Wahrscheinlichkeit dafür in einem unendlichen Universum ebenfalls unendlich wäre. Also muss Knappheit immer innerhalb eines Rahmens definiert werden. Kein Rahmen, keine Knappheit,

Sieh es einmal so: Das teuerste jemals verkaufte Bild bis dato war das "Salvator Mundi" von Leonardo da Vinci. Es ist nicht einmal ein besonders schönes Bild, warum also der hohe Preis? Weil da Vinci Originale knapp sind. Ein Poster dieses Bildes ist überhaupt nicht teuer aber das Original kostet mindestens 450 Millionen US Dollar. Alles nur, weil wir seine Knappheit im Rahmen dessen betrachten, dass es ein da Vinci Original ist, von denen heute weniger als zwanzig existieren. Historisch wurde Knappheit immer als das beschränkte reale Angebot eines Gutes betrachtet. Die meisten grossen Denker der österreichischen Wirtschaftslehre des zwanzigsten Jahrhunderts glaubten, dass der Wert eines Gutes dessen Knappheit entspringt, und dass Knappheit stets an der realen Verfügbarkeit dieses Gutes hängt. Die meisten glaubten, dass ein Goldstandard die härteste Form von Geld wäre, die wir je sehen würden, und einer absolut knappen Ressource am nächsten käme.

In den späten 90er Jahren stellten sich die Kryptographen, die die Grundlagen dessen legten, was einmal Bitcoin werden sollte, Knappheit neu als etwas vor, das unfälschbare Kostbarkeit besitzt. Dieser Ansatz ist der Schlüssel zum Verständnis der Verbindung zwischen Knappheit und Wert. Alles kann als knapp bezeichnet werden, solange es hinreichend schwer ist, es zu produzieren und seine Produktionskosten zu fälschen. Mit anderen Worten, seine Gültigkeit ist leicht zu verifizieren.

Die Nullen am Beginn des Hashes eines Bitcoin Blocks sind der Proof of Work, der beweist, dass die bitcoins in diesem Block teuer zu produzieren waren. Leute mit der Ansicht, dass der Mining Algorithmus zur Produktion von Bitcoin umweltfreundlicher oder effizienter sein sollte, haben entweder nichts verstanden, oder sie lügen wissentlich. Der Energieaufwand ist genau das, was dem Token Wert verleiht, denn er beweist gegenüber dem Netzwerk, dass ausreichend Rechenleistung geopfert wurde um das Netzwerk hinreichend dezentralisiert und mithin änderungsresistent zu halten. Leichte Prüfbarkeit ist die Kehrseite von unfälschbarer Kostbarkeit. Die Gültigkeit eines Bitcoin Blocks ist sehr einfach zu überprüfen, da man nur den Hash inspizieren und sicherstellen muss, dass der Block Teil der stärksten Kette ist und dass er alle Konsensregeln eingehalten hat. Um einen Goldbarren zu prüfen, muss man vermutlich einem Dritten vertrauen. Fiat Geldscheine enthalten oft eine Menge Wasserzeichen, Hologramme und Metallstreifen, damit sie schwerer zu fälschen sind. Was man bei Fiat Geld aber nicht prüfen kann ist, wie viel es davon eigentlich zur Zeit gibt. Was wir *definitiv* wissen ist nur, dass es *nicht* knapp ist.

Bitcoin liefert uns absolute Knappheit, zum ersten Mal in der menschlichen Geschichte. Es ist ein bemerkenswerter Durchbruch. Auch wenn man aus bitcoins keinen Schmuck oder andere Dinge herstellen kann, ist das Gesamtangebot begrenzt. Nach dem Jahr 2140, nachdem das letzte bitcoin produziert wurde, kann das Gesamtangebot an bitcoins nur noch abnehmen. Das begrenzte Angebot war der Grund für die Goldstandards vergangener Zeiten. Das Angebot an bitcoins ist viel beschränkter als das von Gold, weil im Laufe der Zeit immer einige verloren gehen werden. Weil das Angebot so knapp ist ist es auch egal, wie hoch die aktuelle Nachfrage ist. Die potentielle Wertsteigerung ist aufgrund dieses Zusammenhangs zwischen Angebot und Nachfrage buchstäblich grenzenlos. Die "Hinterlegung" anderer Währungen dient nur dazu, den Leuten die Sicherheit zu geben, dass die Währung ihren Wert über die Zeit behält, und der einzige Weg, dies sicherzustellen ist, das Angebot zu begrenzen. Bitcoin tut dies besser als alles andere es je konnte. Leonardo da Vincis Originalgemälde sind extrem wertvoll wegen Leonardos Namen und aufgrund der Tatsache, dass nur noch etwa 13 davon übrig sind. Eines Tages wird weniger als einer übrig sein. Dasselbe gilt auch für Bitcoin.

Knappheit im Internet galt lange als unmöglich zu erfinden und es bedurfte eines vielseitig talentierten Genies wie Satoshi Nakamoto um all die verschiedenen Bestandteile herauszuarbeiten, die Bitcoin zu so viel mehr als die Summe seiner Teile machen. Sein Verschwinden aus dem Projekt war ein solcher Bestandteil, vielleicht sogar der Wichtigste. Die Sache mit der computerisierten Knappheit ist die, dass es eine einmal-Erfindung ist. Einmal erfunden, konnte die Erfindung nicht reproduziert werden. Das ist schlicht die Eigenschaft von Daten. Computer sind dafür gemacht, beliebige Daten beliebig oft zu reproduzieren. Das gilt für jedes Stückchen Code, das es gibt, und digitale Knappheit musste in ein Bezugssystem gestellt werden, um zu funktionieren. Bitcoins Konsensregeln bilden dieses Bezugssystem. Bitcoin scheint tatsächlich echte digitale Knappheit zu bieten, und wenn die spieltheoretischen Konzepte, auf die es baut, stimmen, wird sein Versprechen eines immer weiter steigenden Wertes eine selbsterfüllende Prophezeiung.

Im Jahre 2018 betrug sie Inflationsrate des venezolanischen Bolivar erschütternde 80.000%. Hugo Chavez und sein Nachfolger Nicolas Maduro hatten die venezolanische Wirtschaft mit Hilfe des Sozialismus effektiv abgetötet. Es ist schon vorher passiert—und leider wird es wahrscheinlich auch erneut passieren. Das Hauptproblem mit Sozialismus ist nicht, dass Leute in sozialistischen Ländern nicht zur Arbeit motiviert sind. Im Gegenteil: hungrige Leute unter Gewaltandrohung neigen dazu, härter zu arbeiten als die meisten anderen. Das Problem mit staatseigener Produktion ist der fehlende Marktpreismechanismus, der die wahre Nachfrage nach Gütern reflektiert, wodurch unbekannt bleibt, wie viel Angebot der Staatsbetrieb produzieren müsste. Von allem gibt es immer entweder zu viel oder zu wenig—oft Letzteres, wie die leeren Regale in venezolanischen Supermärkten auf deprimierende Weise verdeutlichen. Chavez und Maduro hatten versucht, die Wirtschaft des Landes durch Drucken von mehr Geld zu retten—was schlicht nicht funktioniert. Ihre wahren Motive zum Gelddrucken waren natürlich fragwürdig angesichts dessen, dass dies den Wert des Bolivars unter den von Toilettenpapier gedrückt hat. Wie in früheren Kapiteln erwähnt ist Inflation die grösste Selbstbedrohung, die die Menschheit je erfunden hat. Vor ein paar hundert Jahren hielt in ganz Europa die katholische Kirche den Löwenanteil an politischer Macht. Heute liegt die Macht hauptsächlich bei Nationalstaaten in Absprache mit multinationalen Firmen. Die Trennung von Kirche und Staat löste den Übergang der Macht von ersterer zu letzterem aus und emanzipierte dabei viele Bürger. Dennoch, Orte wie Venezuela sind trauriger Beweis dafür, dass "das Volk" in vielen vorgeblichen Demokratien noch immer nicht an der Macht ist – falls es das überhaupt irgendwo ist. Eine weitere Trennung wird erst stattfinden müssen: die Trennung von Geld und Staat. Wir, die Bevölkerung des Planeten Erde, haben jetzt das Mittel zur Hand, um diese Trennung einzuleiten. Ob wir es benutzen oder nicht wird ergeben, wie emanzipiert und unabhängig unsere Kinder in der Zukunft sein können und werden.

Selbstbestimmung durch Mathematik

KAPITEL SIEBEN
FESTHALTEN

Wir Skandinavier mussten früher sparen, um uns auf den langen Winter vorzubereiten. Wir hackten Holz und pökelten Fleisch zum Überleben. In unserer jetzigen Ära des Konsumerismus aber haben wir all das vergessen und wir pilgern genauso viel in die Einkaufszentren wie alle anderen. Niemand scheint überhaupt noch ein Sparkonto zu besitzen. Die Zinsen sind niedrig und man redet uns ein, wir sollten uns möglichst viel verschulden und konsumieren. Wir werden jeden Tag mit Werbung für Kredite, Hypotheken und Finanzdienstleistungen bombardiert. Warum? Wegen unserer Unfähigkeit, die Natur des Geldes und seine Mechanismen zu verstehen. Inflation ist die zugrundeliegende Kraft, die uns zum Verschwenden statt zum Sparen bringt. Inflation hindert uns daran, die Früchte unsere Arbeit dann zu ernten, wenn wir wollen, und es bringt diese Früchte zum Verfaulen. Bitcoin dreht den Fäulnisprozess um und bietet uns einen Weg, den Wert unserer Arbeit nicht nur über den Raum, sondern auch über die Zeit zu transportieren.

Das Stanford Marshmallow Experiment war eine Serie von Studien über verzögerte Belohnung, die in den späten 1960er und frühen 1970er Jahren durchgeführt wurden. In den Experimenten gab man Kindern einen Marshmallow oder ein Plätzchen und sagte ihnen, dass sie noch einen weiteren bekämen, wenn sie sich unter Kontrolle hätten und die Süssigkeit eine Viertelstunde lang nicht anfassen würden. Folgestudien ergaben später, dass diejenigen Kinder, die damals der Versuchung des ersten Plätzchens widerstehen konnten, in standardisierten Eignungstests tendenziell besser abschnitten, einen geringeren BMI und ein höheres Einkommen besassen als ihre weniger disziplinierten Gegenstücke. In sein zukünftiges Ich zu investieren—mit anderen Worten, einer momentanen Versuchung zu widerstehen indem man eine Belohnung aufschiebt—ist die effektivste Fähigkeit, die man zum Erreichen einer besseren Zukunft entwickeln kann. Man erntet, was man sät. Dies kann man als *niedrige Zeitpräferenz* bezeichnen. Eine niedrige Zeitpräferenz zu haben, ist ein grundlegender Faktor für den wirtschaftlichen Erfolg jedes menschlichen Unterfangens. Ein paar Tage keinen Fisch mit der Hand zu fangen, um eine Angel oder ein Netz zu bauen, wenn man auf einer einsamen Insel ist, macht einen vielleicht während dieser geopferten Tage hungrig, bietet aber in der Zukunft eine bessere Chance, Fische zu fangen. Ebenso führt das Lernen einer neuen Fähigkeit zu einer künftig besseren Bezahlung. Leider verzerrt unser gegenwärtiges Geldsystem unsere Wahrnehmung und Motivation und bevorzugt jene mit höherer Zeitpräferenz—diejenigen, die ausgeben statt sparen. Wir befinden uns an einem anderen Punkt der Geschichte als der oben erwähnte Fischer. Man sagt: "Gib einem Menschen einen Fisch und du ernährst ihn einen Tag. Bring ihm das Fischen bei und du ernährst ihn sein ganzes Leben". Das Endziel sollte darin bestehen, die Menschheit zu lehren, sich das Fischen selbst beizubringen. Was unser gegenwärtiges Paradigma befürwortet, ist "Gib einem Menschen genug Ablenkung und er hört auf, über bessere Wege zur Versorgung seiner Angehörigen nachzudenken und jedem Narrativ erliegen, das du ihm einredest, damit er durch Steuern und Inflation für dich arbeitet und nicht für sich selbst".

In Bitcoin gewinnen die Leute mit niedriger Zeitpräferenz. Wenn du dem Verkaufsdrang widerstehst, wirst du in der Zukunft belohnt Die Bitcoin Gemeinde bezeichnet das nicht-Verkaufen als HODLn, ein Wort, das entstand, als ein Forumsmitglied auf bitcointalk.org namens GameKyuubi das Wort "holding" in einem mittlerweile berühmt gewordenen Posting mit dem Titel "I AM HODLING" falsch buchstabierte. Dieses Posting wurde zu einem von Bitcoins prominentesten Memen und zum Schlachtruf, um in einem Bärenmarkt dem Drang zum Verkaufen zu widerstehen. Bitcoiner, die entschlossen sind, niemals einen Grossteil oder gar alle ihre bitcoins zu verkaufen, bezeichnet man als *HODLer letzter Instanz*. Diese Bezeichnung ist nicht zu verwechseln mit dem Zentralbankbegriff *Kreditgeber letzter Instanz*. Die jährlichen Hochs im Preis von bitcoin sind wahrscheinlich weniger interessant als die jährlichen Tiefs, die praktisch von diesen HODLern letzter Instanz erzeugt werden. In Anbetracht des begrenzten Angebots ist alles, was Bitcoin für einen mittel- und langfristigen Preisanstieg benötigt, diese Gruppe von Leuten. Einführungsgeschwindigkeit und andere Metriken, den Erfolg von Bitcoin zu messen, verblassen vor dem bemerkenswerten Wertzuwachs seit seiner Erfindung. Der Preis hat sich etwa alle drei Jahre verzehnfacht. Die beste Garantie, dass dies so bleibt, sind das begrenzte Angebot von bitcoin und die HODLer letzter Instanz.

Im Bereich Bitcoin, und noch mehr im Bereich Kryptowährungen insgesamt, wird eine Menge über Benutzung und Einführung ("Adoption") gesprochen. Wir bekommen Metriken von Handelsvolumina und Händlerakzeptanz gezeigt und es wird uns weisgemacht, dass diese mit dem kurz- oder langfristigen Wert auf die eine oder andere Weise zusammenhängen. Obwohl daran vielleicht sogar einiges wahr sein könnte, wird damit doch die grundlegende Funktion einer deflationären Anlageform übersehen und selten erwähnt— sozusagen der Elefant im Raume. Die beste Verwendung für ein so seltenes Gut wie bitcoin ist nicht, es auszugeben oder damit zu handeln, sondern es zu sparen und festzuhalten, so lange es geht. Indem man das tut, begrenzt man die Umlaufmenge an bitcoins. Je mehr Leute dies tun, desto schwieriger wird es, bitcoin zu bekommen und desto höher steigt der Preis. Nichts auf der Welt ist so knapp wie bitcoin. Nichts ist so unersetzlich, so unveränderlich und gleichzeitig so transportabel wie bitcoin. Seine einzigartige Geschichte und sein Widerstand gegenüber Änderungen hat dies bereits wieder und wieder gezeigt. Seine absolute Knappheit gibt bitcoin seinen Wert, und ironischerweise scheint dies das zu sein, was den Leuten am schwierigsten verständlich zu machen ist. Was, wenn jeder im Netzwerk ein HODLer würde und beschlösse, niemals zu verkaufen, würde das Netzwerk dann nicht langsam stehenbleiben? Überhaupt nicht. Jeder hat einen Preis. Wenige würden der Versuchung widerstehen, einige ihrer bitcoins zu verkaufen, wenn sie dafür eine kleine Stadt erwerben könnten. Es gibt für jeden HODLer einen Preisspegel, an dem eine finanzielle Neuausrichtung klug scheint. Ein bitcoin ist ausserdem höchst teilbar: die kleinste Einheit, der *Satoshi*, manchmal auch *sat* genannt, ist ein hundertmillionstel eines bitcoins. Noch kleinere Einheiten wurden mit Einführung des Lightning Netzwerks ermöglicht, wenn auch nicht auf der eigentlichen Bitcoin

Blockchain. All dies zusammen macht Bitcoin selbst bei astronomischen Preispegeln noch höchst nutzbar.

Was das Fehlen von solidem Geld uns angetan hat, ist schlicht unfassbar. Stell dir vor, jede Person auf der Welt wüsste, dass jede Transaktion, die sie je machen wird, einen echten Einfluss auf ihren künftigen Wohlstand haben wird. Wir sind so an inflationäre Währungen gewöhnt, dass die meisten Leute nicht einmal mehr merken, *weshalb* solides Geld so wichtig ist. Wir sind so daran gewöhnt, dass uns ein grosser Teil unseres Einkommens stillschweigend weggenommen wird, dass wir nicht merken, wie viel Zeit wir jeden Tag damit verbringen, für jemand anderen zu arbeiten. Kriege werden durch Inflation finanziert. Versuch dir vorzustellen, wie viele Personenstunden im zweiten Weltkrieg von Leuten geleistet wurden, die sich nicht darüber klar waren, dass sie für eine Kriegsmaschinerie arbeiteten, die durch eine defekte Währung finanziert wurde. Jedesmal wenn man Bitcoin benutzt, fördert man solides Geld. Tatsächlich fördert man sogar jedesmal, wenn man Bitcoin *nicht* benutzt, solides Geld, denn solides Geld steigt im Wert, wenn die Gesamtzahl der zirkulierenden Währungseinheiten begrenzt ist. Das klingt alles ein bisschen magisch und weit hergeholt, oder? Steigender Wert im Laufe der Zeit, egal was passiert? Nun, deswegen sind so viele von uns sogenannten Bitcoin Maximalisten so begeistert von diesem System, dass wir unsere Karrieren für diese Technologie riskieren. Versteht man einmal, was Bitcoin ist und was es für die Welt tun wird, dann gibt es keine Möglichkeit mehr, es zu ent-verstehen. Es ist tatsächlich überwältigend.

Am Anfang von Zeit-*ist-wirklich*-Geld—mit anderen Worten, so um 2009 herum—galt Bitcoin im Wesentlichen als Spielzeug für die Cypherpunk Bewegung. Als sein Preis begann, sehr rasch zu steigen, wurde eine kleine Gruppe von frühen Investoren sehr wohlhabend, was wiederum für Medienrummel um dieses Phänomen sorgte. Die Massenmedien blieben im Wesentlichen skeptisch und stellten Bitcoin als Schneeballsystem, Tulpenmanie oder bestenfalls als Blase dar. Die meisten Journalisten konnten schlicht nicht verstehen, wie eine Anlageform, die scheinbar aus der Luft entstand, irgendeine langfristige Relevanz haben könnte. Einige waren frustriert weil sie dachten, sie hätten den Zug bereits verpasst. Für viele gilt das immer noch. In einer Welt, in der es Firmen wie Google, Facebook und Amazon in einer Dekade von Null zur Weltherrschaft bringen, versuchten die Leute, das nächste Grosse Ding zu finden—das nächste Bitcoin. Dies zog Scharlatane und Betrüger auf das Feld, die hunderte von Altcoins (alternative Kryptowährungen) in Gang brachten und davon behaupteten, sie würden eines Tages technisch überlegen, schneller, oder privater funktionieren. Was diese wahren Jakobs wegliessen, waren die kritischen Faktoren: ihre neuen Coins und Tokens waren nicht dezentralisiert (und daher weder unveränderbar noch zensurresistent), hatten keine faire Verteilung und so weiter. Was die meisten Leute immer noch nicht verstehen ist, dass wenn Bitcoin nicht funktioniert, nichts Ähnliches je funktionieren wird. Dieser ist der beste Ansatz der Menschheit, ein solides Geld zu schaffen. Es ist auch sehr wahrscheinlich unser einziger Versuch.

Viele Wagniskapitalfirmen, Hedgefonds und Kleinanleger bekamen einen Schlagwortkoller und wurden beschwindelt, sodass sie grosse Summen in diese Quacksalber-Tokens investierten. Das erzeugte Konfusion im Markt, sodass viele Altcoins dramatisch im Preis stiegen und das noch schneller als Bitcoin. Aufgrund der menschlichen Natur und des Mangels an Grundlagenverständnis für die Geldwirtschaft wurde die Blase grösser und grösser, bis sie schliesslich platzte und die meisten der nutzlosen *alternativen Kryptowährungen* ausradierte. Bitcoin hatte auch seine Hochs und Tiefs, aber diese waren weniger volatil. Bitcoin fand seinen Boden deutlich oberhalb des Beginns des vorhergegangenen Bullenmarktes und begann dann wieder zu steigen, genau wie es das schon vorher mehrmals getan hatte. Die Opfer des Altcoinwahns werden sich das merken. Sie *werden* auf die harte Art lernen, was das Original vom Imitat unterscheidet. Sie *werden* die unbezweifelbare Überlegenheit soliden Geldes verstehen. Es ist nur eine Frage der Zeit. Zeit, die Geld ist.

Jedesmal wenn die Völker von Venezuela, der Türkei, Argentinien oder Zimbabwe von ihren jeweiligen Zentralbankhütern betrogen werden und sich zu Bitcoin wenden, um ihre Ersparnisse oder Einkommen vor galoppierender Inflation in Sicherheit zu bringen, wird sich die Welt mehr der Existenz von Bitcoin als Wertspeicher bewusst. Relativ zum venezolanischen Bolivar gab es in Bitcoin nie einen Crash. Die Chancen sind auch gut, dass die wirklich grossen Spieler beim nächsten Bullenmarkt aggressiv akkumulieren werden, angesichts dessen, dass Bitcoin zur Zeit nur eine sehr kleine Allokation institutioneller und Hedge Fonds Investitionen repräsentiert. Stell dir vor was passiert, wenn institutionelle Investoren und eine wachsende Zahl grösserer Nationen beginnen, Bitcoins potenziell unbegrenzte

Profitmöglichkeit zu erkennen. An diesem Punkt werden Zentralbanken im Versuch, mit der Realität Schritt zu halten, anfangen, bitcoin zu akkumulieren. Und das wird die Technologie nur noch weiter legitimieren.

Es ist noch unklar, *wann* sich all dies abspielen wird. Wenn es das aber tut, wird es der grösste Transfer von Wohlstand von einem Medium auf ein anderes in der Geschichte der Menschheit. Frühe Investoren, von denen viele technisch kompetent sind, werden finanziell unabhängig und deshalb in der Lage sein, zu dem Ökosystem in Vollzeit beizutragen. Mehr und mehr Leute werden ihre Bezahlung in Bitcoin verlangen, weil sie darin ihren Wert dauerhaft behalten können. Erinnere dich daran, dass die nächste Halbierung der Blocksubvention kurz bevorsteht und dass Bitcoin in wenigen Jahren schon ein wesentlich grösseres Stock-to-Flow Verhältnis als Gold haben wird. Nach der Halbierung im Jahr 2020 wird Bitcoin eine Angebots-Inflationsrate von ca. 1,8% haben, was bereits niedriger ist als das 2% Preisinflationsziel der US Federal Reserve Bank. Man darf nicht vergessen, dass Bitcoin immer noch ein Experiment ist. Sollte das Experiment aber gelingen, ist eine Hyperbitcoinisierung nur eine Frage der Zeit.

Die Implikation dessen, das jedem auf der Welt die Möglichkeit gegeben wird, die Früchte seiner Arbeit vor Fäulnis zu bewahren und ihren Wert über die Zeit zu retten, kann man kaum hoch genug bewerten. Historisch kamen wir dem mit Gold am nächsten, aber Gold ist nicht gut teilbar und für die allgemeine Bevölkerung nicht sehr leicht zu bekommen. Noch wichtiger ist, dass Gold keine absolute Knappheit besitzt. Niemand weiss, wie viel davon noch in der Erdkruste eingebettet ist. Investitionen in

Immobilien wurden durch die Jahrhunderte auch als ein guter Wertspeicher betrachtet, aber Immobilien benötigen eine Menge Wartung und sind nicht billig zu betreiben. Immobilien sind im Falle eines politischen Kollapses ausserdem relativ einfach zu enteignen. Bitcoin versieht uns mit der potentiellen Fähigkeit, jeden beliebigen Betrag an bitcoins in unserem Kopf zu speichern und über Generationen weiterzugeben ohne dass irgendjemand weiss, dass wir überhaupt welche haben. Es stattet effektiv jedes Individuum mit der Macht der Könige aus, die Leute zum Ritter schlagen konnten. Jeder Bitcoiner kann jetzt jeden No-Coiner zum vollständigen, zeitgepanzerten Bitcoiner schlagen.

Selbstbestimmung durch Mathematik

KAPITEL ACHT
DIE REGELN ÄNDERN

Das Bitcoin-Protokoll zu ändern ist einfach. Der Code ist Open Source, was bedeutet, jeder kann eine Kopie des Codes herunterladen und ändern, was er möchte. Das aber zu ändern, was die Teilnehmer des Bitcoin-Netzwerkes als echt betrachten, das ist schwer. Wirklich schwer. Um deren Akzeptanz zu gewinnen, muss ein Vorschlag wirklich gut sein, und wirklich kugelsicher im Sinne der spieltheoretischen Grundlagen, die das Befolgen der Regeln für die Miner profitabel machen. Verbesserungen am Protokoll können entweder per "Soft Fork" oder per "Hard Fork" erfolgen (weiche bzw. harte Aufspaltung, der Übers.). Ein *Soft Fork* ist eine freiwillige, rückwärtskompatible Verbesserung. Ein *Hard Fork* setzt voraus, dass jeder Knoten im Netz, der aktiv bleiben möchte, die Verbesserung übernimmt. Zur jetzigen Zeit ist es unwahrscheinlich, dass Bitcoin jemals wieder einen Hard Fork durchführen wird. Selbst ein Soft Fork kann sehr strittig sein, und eine grosse Debatte zwischen Verfechtern verschiedener Wege, Bitcoin zu skalieren, führte 2017 dazu, dass ein Teil des Netzwerk "wegforkte" und eine neue Blockchain via Hard Fork erzeugte. Obwohl die vorgeschlagene Verbesserung gemäss der Konsensregeln umgesetzt wurde, waren einige Teilnehmer damit nicht sehr glücklich.

Das Internet ist ein Ozean von Falschinformation, und meistens ist es sehr schwierig, seinen Weg durch diese zu finden. Die schiere Menge an Unehrlichkeit im sogenannten "Bereich Krypto" ist wirklich deprimierend und hat sehr wenig, wenn überhaupt, mit solidem Geld zu tun. Die Blockchain tut eines und nur eines: sie löst das *Problem der byzantinischen Generäle* mit Hilfe der Konsensregeln. Das ist alles. Ein Problem, von dem die meisten Leute noch nie gehört haben. Das Problem der byzantinischen Generäle beschreibt, wie schwer es ist, ein Netzwerk zu konstruieren, bei dem die Teilnehmer des Netzwerkes zu einem Konsens über den Zustand des Netzwerkes kommen können, ohne einander kennen oder vertrauen zu müssen. Mit anderen Worten— wie konstruiert man ein Netzwerk so, dass kein Vertrauen vorausgesetzt wird, während es dennoch sicherstellt, dass die über das Netzwerk gesendete Information wahr ist. Eine Blockchain allein garantiert noch keine Dezentralität. Es ist keineswegs die "zugrundeliegende Technologie" hinter Bitcoin. Bitcoin ist die zugrundeliegende Technologie hinter dem Blockchain Hype, aber zu sagen, dass die Blockchain die Schlüsselerfindung ist, ist bestenfalls töricht. Die Ankerkette ist nicht die Technologie, die dem Anker zugrunde liegt. Auch ist die Schlüsselkette nicht die Technologie hinter dem Schlüssel, oder die Nahrungskette der fundamentalste, interessanteste Aspekt des Menschen. Sei sehr skeptisch gegenüber denjenigen, die Blockchains promoten, die Bitcoins Blockchain nicht als die Wichtigste betrachten. Selbst wenn es soziale Netzwerke mit Milliarden von Nutzern sind, Solche Leute sagen im Grunde, dass Masturbation der wichtigste Aspekt von Sex ist.

Zu jedem Zeitpunkt kann jeder Teilnehmer im Bitcoin Netzwerk aufhören, den Regeln zuzustimmen, mit denen das Netzwerk Knappheit bestimmt und zum Konsens kommt. Jeder Teilnehmer kann sich entschliessen, einem Hard Fork von Bitcoin zu folgen, alle seine Bitcoin gegen eine andere Kryptowährung einzutauschen oder sich völlig von der Idee digitalisierter Knappheit verabschieden, wenn er will. Was er aber nicht kann ist, Bitcoin zu ändern, das zu ändern, was andere als Bitcoin betrachten, oder die Grundlage dessen ändern, wie Bitcoin digitalisierte Knappheit ermittelt. Anders als bei jeder regierungsoffiziellen Währung gibt es niemanden, der irgendjemanden zwingt, irgendetwas in Bitcoin zuzustimmen oder zu glauben. Es ist ein vollständig freiwilliges System ohne formale Führung. Wir Menschen sind nicht an führerlose Systeme gewöhnt, und die Idee, dass niemand uns sagt, wie wir denken sollen, ist uns erst einmal unheimlich. Wie zuvor gesagt nutzen dies viele Opportunisten aus, und viele Leute werden Geld an Betrüger verlieren, bevor Bitcoin seinen rechtmässigen Platz in unserer Gesellschaft findet. Bleibe auf der Hut und traue keiner "Kryptowährung", die nicht Bitcoin ist. Jede Behauptung, dass eine alternative Währung ein neues Feature hat, umweltfreundlicher ist, schneller oder anonymer als Bitcoin ist oder als Basis zur Programmierung dezentraler Applikationen benutzt werden kann, ist ein Zeugnis des Missverständnisses bezüglich dessen, was Bitcoin wirklich ist. Es ist nicht so sehr eine Erfindung sondern eher eine Entdeckung. Die Entdeckung von wahrer, absoluter, digitalisierter Knappheit. Absolute Knappheit ,dessen offensichtlichste Anwendung solides Geld ist. Eine Entdeckung ist eine Einbahnstrasse. Tausende von Leuten fliegen täglich von Europa nach Amerika, aber das macht diese Leute nicht so historisch wichtig wie Christopher Columbus. Genauso wenig wird irgendeine "Soziale Netzwerk Coin", ein Petrodollar oder eine Altcoin jemals so wichtig werden wie Bitcoin.

Wenn Bitcoin zu ändern schon wirklich schwer ist, so ist die Infragestellung des gegenwärtigen politischen Status Quo der Welt dagegen nahezu unmöglich. Nicht wegen des Risikos, dass die eigene Stimme übertönt wird.—diese Hürde muss im Internet jeder überwinden—sondern weil das Spiel manipuliert ist. Es ist überall manipuliert. Ignorante Blogger mit Anmassung und Einkommen, oft als "Journalisten" bezeichnet, plappern oft ihre unsichtbaren Herren nach, die Zentralbanker, und beschuldigen Bitcoin, das grösste Schneeballsystem zu sein, das die Welt je gesehen hat. Unser gegenwärtiges Geldsystem aber ist ein Schneeballsystem solch unfassbaren Ausmasses, dass fast jeder Mensch auf der Erde daran scheitert, es als das zu sehen, was es ist, weil die Blase schon den ganzen Planeten eingekapselt hat. Quantitative Easing ist Geldfälschung und Geldfälschung ist Diebstahl. Wohlstand wird von allen gestohlen und den grössten Zynikern und Bösewichten unter uns übergeben. Hätten wir solides Geld, wäre das Spielfeld eingeebnet und diejenigen unter uns, die die verantwortungsvollsten Investitionen tätigen, würden belohnt werden. Zur Zeit belohnt das System stattdessen ignorante Demagogen und offene Lügner. Ein hierarchisches Machtgefüge wird stets diejenigen bevorzugen, die Macht allem anderen vorziehen. Ein dezentralisiertes System tut dies nicht. Es *kann* dies nicht. Es ist *fair*.

Gemäss einer jüngeren Studie im Journal *Intelligence* werden hochintelligente Leute häufiger mit verschiedenen mentalen Störungen diagnostiziert, wie autistischen (20% erhöhte Wahrscheinlichkeit), ADHD (80%), Angstzustände (83%), und sie haben ausserdem eine um 182% erhöhte Wahrscheinlichkeit für

Stimmungsstörungen. Die Studie verglich Daten der amerikanischen Mensa Gesellschaft mit Daten aus allgemeinen Erhebungen. Gemäss einer weiteren Studie, die vor ein paar Jahren im *British Journal of Psychology* veröffentlicht wurde, haben hochintelligente Leute weniger Freunde als jene, die in der kognitiven Abteilung weniger gesegnet sind. Darüberhinaus zeigen mehrere separate Studien, dass ADHD-Hirne mit höheren Leistungen in einigen Massgrössen der Kreativität assoziiert sind als die der "normalen" Gegenstücke.

Aufgrund der Vermutung, dass der Besitz eines Gehirns "in diesem Spektrum" bei mir in der Familie liegt, sowohl die Generationen herauf als auch herunter, grub ich mich ein wenig tiefer in die Materie ein. Dies tat ich hauptsächlich weil ich neugierig über mich selbst bin und darüber, wie ich so funktioniere wie ich funktioniere, aber auch, weil diese "Krankheiten" praktisch unbekannt waren als ich aufwuchs.

Ich habe einige Tests online gemacht. Diese sagen alle, dass ich ziemlich wahrscheinlich an einem dieser Zustände leide, besonders ADD. Ich habe Vorschullehrer Vermutungen über "Spektrum Störungen" bei einem meiner Kinder äussern hören, und auch wenn ich glaube, dass manche Lehrer vielleicht ein bisschen mehr nach diesen Dingen suchen als sie vielleicht sollten, so würde es mich doch nicht wundern, wenn das Verhalten meines Kindes mehr als einer der Beschreibungen dieser Spektrum Störungen entspräche. Was mich allerdings erstaunte war, dass der schwedische Kultusminister neulich beschloss, hochbegabten Kindern mehr Aufmerksamkeit zu widmen. Wirklich sehr un-sozialdemokratisch und vermutlich ein vernünftiger Gedanke. Ich wurde neugierig und schaute mir das Papier darüber an, nach welchen Verhaltensmerkmalen Lehrer bei diesen Kindern Ausschau halten sollten. Sie waren bemerkenswert ähnlich wie diejenigen für ADHD oder ADD. Das eine Kind überspringt also eine Klasse und das andere bekommt Amphetamine, um mehr wie der Rest der Gruppe zu sein, je nach dem wie der Lehrer des jeweiligen Kindes das gerade einschätzt.

Ritalin und andere amphetaminartigen Medikamente werden schon lange in Massen an Kinder verschrieben, bei denen man in westlichen Gesellschaften ADHD oder ADD vermutet. Einige Länder sind restriktiver als andere, aber diese Praktiken existieren in gewissem Rahmen fast überall. Leuten werden überall auf der Welt Antidepressiva verschrieben und es gibt eine Opioid-Krise in den Vereinigten Staaten. Könnte es sein, dass wir aus der falschen Richtung schauen? Was haben diese Institutionen und Schulen mit unserer neuen Liebe zu psychotropen Medikamenten zu tun? Hier kommt ein erschreckender Gedanke: behandeln wir das falsche Segment der Bevölkerung? Könnte es sein, dass die weniger intelligenten Leute das Verhalten der Intelligenteren einfach nicht verstehen? Ich behaupte nicht, dass jeder "auf dem Spektrum" hyperintelligent ist, aber vielleicht liegt dem ein Körnchen Wahrheit zugrunde. Nicht in der Lage zu sein, sich mit einer Gruppe zu arrangieren, könnte auch einfach ein Nebeneffekt dessen sein, dass man lieber allein ist. Schwierigkeiten, sich dem Willen einer Autorität zu unterwerfen, kann auch ein Zeichen von Unabhängigkeit sein anstelle von schlichtem Ungehorsam. Stell dir vor, Nikola Tesla oder Albert Einstein hätten als Kinder Ritalin bekommen. Hätten sie je mit ihren fantastischen Innovationen und

Einsichten aufwarten können, wenn sie medikamentös zu handzahmen Schafen gemacht worden wären? Ohne die verrückten Ideen Teslas, der unter Kollegen als eigenartiger Einzelgänger galt, hätten wir heute vielleicht keinen Wechselstrom, ohne den die Welt ganz anders und viel dunkler wäre. Gute Ideen treiben die Menschheit vorwärts, und wir haben keine Vorstellung davon, was wir verpassen, wenn wir unsere angehenden Erfinder und Wissenschaftler stattdessen zu Zombies machen. Alle in Reih und Glied zu haben mag für das Kollektiv von Vorteil sein, aber es ist stets ein Individuum, das originelle Ideen produziert.

Unsere Gesellschaften bauen auf Institutionen auf, und Institutionen, einmal etabliert, neigen dazu, in ihrem eigenen Interesse zu handeln. Die Leute darin haben viel zu verlieren, wenn sie sich nicht sozusagen dem Willen der Maschine unterwerfen. Dies schliesst unsere Schulen ein, in denen die Kinder für viele Jahre mit anderen zusammengepfercht werden, mit denen sie möglicherweise nicht viel mehr als das Alter gemein haben. Dann werden sie gezwungen, einen Lehrplan zu schlucken, der dem Durchschnitt angepasst ist, schön verpackt in verschiedene Themen, und anschliessend werden sie von denjenigen bewertet, die ihren möglichen Talenten gegenüber am ehesten voreingenommen sind—den Lehrern. Das Internet hat dieses System längst überflüssig gemacht, aber anscheinend verstehen das nur Freidenker. Wenn irgendjemand Medikamente schlucken soll, sind das nicht die Kinder "auf dem Spektrum". Statt diesen Kindern hirnbetäubende Drogen zu verabreichen, sollten wir vielleicht allen anderen das hirnstimulierende Drogen geben. Die traurige Geschichte des Verblödens der Talentierten zugunsten des

Kollektivs ist nichts Neues. Die arabische Welt zum Beispiel gedieh wissenschaftlich zwischen dem 8. und dem 14. Jahrhundert, bis das kollektive Interesse der Religion dies beendete. Sozialistische Staaten kollabieren immer wieder, mit Venezuela als jüngste tragische Ergänzung zu diesem kollektiven Wahnsinn. Russland warf einen ihrer besten Denker, Garry Kasparov, in's Gefängnis. Kurzum, jede Gesellschaft, die dem Kollektiv Vorrang vor dem Individuum gibt, bewegt sich auf einem sehr gefährlichen Pfad. Dank Keynesianischer Theorie und zentralbankproduzierten Falschgeldes, oder Quantitative Easing, sind alle Länder zur Zeit auf diesem Weg. Wie stehen die Chancen, dass Satoshi auf Ritalin war, als er das Bitcoin Whitepaper (Weissbuch) verfasst hat?

Die Spielregeln zu ändern ist immer dann schwer, wenn man nur Teilnehmer ist und nicht der Designer des Spiels. Das Spiel, in dem wir alle spielen, ist aber manipuliert, und du bist nur ein Bauer auf dem Schachbrett von jemand anderem. Ein Bauer, dessen Hauptaufgabe es ist, für den König geopfert zu werden. Jetzt schau dir einmal an, wie der auf künstlicher Intelligenz basierende Algorithmus AlphaZero Schach spielt. Der neugekrönte ultimative Schachspieler macht einen bestimmten Zug viel häufiger als alle seine Vorgänger: er opfert Bauern. Frag dich selbst: bist du zufrieden damit, ein Bauer zu sein? Kommt dir das regierungsseitige Versprechen von sozialer Sicherheit seriös vor? Wird dein gegenwärtiger Job in zwanzig Jahren überhaupt noch existieren? In zehn? Du brauchst kein Bauer zu sein. Noch wichtiger: du brauchst das Spiel gar nicht komplett zu verlassen. Selbst eine kleine Investition in bitcoin bietet einen enormen potentiellen Gewinn. Die *Lightning Network* Technologie ändert die Regeln dessen, was Geld ist und was Geld sein kann. Wenn man einmal ein Lightning Netzwerk *Wallet* (Geldbörsen-App) installiert hat und etwas bitcoin auf sein Telefon geladen hat, merkt man schnell, dass es sogar noch einfacher ist, das Lightning Netzwerk zu benutzen als das darunter liegende Bitcoin Netzwerk. Man scannt einen QR Code und drückt auf "Senden". Das war's. Transaktionen auf dem Lightning Netzwerk passieren augenblicklich, sind kostenlos und anonym. Obwohl es zur Zeit erst in einer Betaversion vorliegt, funktioniert es schon traumhaft gut. Stell dir vor was man machen kann, wenn Wert durch solche Leitungen fliesst wie Wasser oder Strom. Schaltkreise, die mit Geld laufen statt mit Strom. Logische Gatter machten Elektronik möglich anstatt einfacher Elektrik. "Wertgatter" würden ein ganzes Spektrum von Erfindungen ermöglichen, wo menschliche Interaktion direkt als Treibstoff für menschlichen Einfallsreichtum dient.

Selbstbestimmung durch Mathematik

KAPITEL NEUN
GELD ALS VERSTÄRKER

Geld kann als vieles gesehen werden. Es wird oft als *Tauschmittel* bezeichnet, als *Wertspeicher* und als *Verrechnungseinheit*. Wie eingangs erläutert, kann man die Definition auch noch weiter vereinfachen. Im innersten Kern kann man Geld verstehen als ein sprachliches Werkzeug zum Ausdruck von Wert, oder einfach Dankbarkeit, gegenüber jemand anderem, über Raum und Zeit hinweg. Aus dieser Perspektive betrachtet, agiert Geld als Verstärker für den Charakter eines Menschen. Wenn du von Natur aus altruistisch bist, dann wird ein plötzlicher Zugewinn von Geld dich nicht weniger grosszügig machen, sondern dir stattdessen ermöglichen, deine Persönlichkeit auf mehr Arten auszudrücken. Leider sind in unserem gegenwärtigen kulturellen Umfeld Kredite billig und wirtschaftliche Anreize verzerrt. Impulsive, irrationale finanzielle Entscheidungen in allen Gesellschaftsbereichen diktieren unser Leben. Gäbe es keine Inflation—mit anderen Worten, hätten wir solides Geld—so wären wir zum Sparen statt zum Ausgeben motiviert. Nachhaltigkeit ergäbe sich ganz von selbst. Das Fehlen von solidem Geld beeinflusst auch die Auswirkungen, die Geld auf unseren Charakter hat, und seine Effektivität als Persönlichkeitsverstärker. Solides Geld würde für mehr Ehrlichkeit sorgen, und für mehr echte Lösungen für echte Probleme.

Eines der Probleme, die durch die Benutzung eine defekten Sprache zum Ausdrücken von Wert entstehen, ist die Einschränkung der Redefreiheit. Wenn das System so manipuliert ist, dass man sich auf alles konzentriert ausser dem zugrundeliegenden Problem, dann verkommt die gesamte politische Landschaft zur kosmetischen Farce, die uns davon abhalten soll, die schwierigen Fragen dazu zu stellen, wie die menschliche Gesellschaft agieren sollte. Kann eine Person in einem Umfeld, das sie ständig zu immer höherer Arbeitsleistung zwingt, um die durch künstliche Inflation steigenden Lebenshaltungskosten zu bewältigen, in der Öffentlichkeit wahrhaft ehrlich sein? Die ausreichend Wohlhabenden vielleicht, aber das System leitet unablässig Macht vom kleinen Mann auf der Strasse hin zu den Eliten. In einer Zeit, in der eine Handvoll Firmen fast den gesamten Internetverkehr handhaben, kann die Untergrabung der Gedankenfreiheit sehr gefährlich sein. Zusätzlich zu der subtilen Zerrüttung durch eine fehlerhafte Geldpolitik scheinen die Silicon Valley Titanen immer empfänglicher dafür zu werden, dem wütenden Mob nachzugeben, wenn der behauptet, vereint hinter der Flagge sozialer Gerechtigkeit zu stehen. Politische Korrektheit, in einigen Teilen der westlichen Welt von einem Schuldgefühl genährt, spielt eine grosse Rolle in der Zensurwelle, die in letzter Zeit zum Plattform-Ausschluss von einigen der kontroverseren Kreativen geführt hat.

Wenn es um die Freiheit der Gedanken geht, leben wir in einer gefährlichen Zeit. Die klassischen Medien behaupten nach wie vor, dass ihre Weltsicht die einzig ehrliche ist, während normale Leute mit all ihren verschiedene Meinungen zunehmend in Frage stellen, was als Nachricht zu bezeichnen ist und was nicht. Das zunehmende Misstrauen gegenüber Politikern auf der ganzen Welt mag zu einem gewissen Grad Resultat von Panikmache sein, aber es ist auch eine direkte Konsequenz der Tatsache, dass man heute mehr Optionen hat, wenn es darum geht, sich ein Bild vom Zustand der Welt zu machen. Mit anderen Worten, Volksverdummung ist nicht mehr so einfach wie früher. Unglücklicherweise hat das Misstrauen gegenüber Politikern im Wesentlichen zu extremeren Formen desselben Phänomens geführt. Nationalismus auf der rechten und Sozialismus auf der linken Seite sind Ideologien, die beiderseits des Atlantiks zunehmen. Das sind aber allenfalls falsche Fährten. Politiker werden die Macht nicht an das Volk zurückgeben, denn das ist einfach gegen ihre Natur. In der kommenden Dekade werden viele der wichtigsten Entscheidungen der Menschheit fallen. Das Schicksal und die Zukunft der EU, Chinas und der USA werden von diesen Entscheidungen geprägt. Du wirst diese Entscheidungen nicht ändern oder auch nur beeinflussen können, aber du wirst in der Lage sein, zu wählen, inwieweit sie deine Zukunft diktieren. Es gibt aus allem Wege, auszusteigen. Man kann aufhören, Fernsehen zu gucken und Zeitungen zu lesen, kann sein Dach mit Solarzellen pflastern aber am allerwichtigsten, man kann aus dem Finanzsystem aussteigen zu jedem Grad, der einem passt. Bitcoin ist ein freiwilliges System, Demokratie ist dies nicht.

Das Jahr 2018 sah das Hervorkommen des sogenannten *Intellektuellen Dark Web*. Ein Sammelbegriff für eine Gruppe von Freidenkern, die seit ein paar Jahren das Internet benutzen, um ihre jeweiligen Ansichten bezüglich einer Vielzahl von Dingen, besonders der Redefreiheit, zu verteidigen. Besorgt über den zunehmenden Trend zum Plattformausschluss und der Zensur durch grössere soziale Netzwerke, suchen einige der populäreren Mitglieder der Gruppe andere Wege, ihre Inhalte zu vermarkten.

Zehn Jahre nach Bitcoins unbefleckter Empfängnis beginnen prominente Abtrünnige, sich den Orwell'schen Tendenzen der Silicon Valley Giganten zu widersetzen. Wir haben bereits alle Werkzeuge, die wir brauchen, um Haltung gegen die Zensur einzunehmen, aber es bleibt jedem von uns selbst überlassen, ob wir sie benutzen oder nicht. Das Internet sprengt weiterhin jedes erdenkliche Geschäftsmodell und zeigt keinerlei Anzeichen, nachzulassen. Im Gegenteil, Peer-to-Peer (dezentrale) Lösungen wie Uber und AirBnB übernehmen zunehmend und enthüllen "regulierte Märkte" als das, was sie eigentlich sind: Kartelle. In einer Zeit, in der Kreditkartenfirmen die Macht haben, jeden Benutzer wegen seines unerwünschten Ausgabeverhaltens von seinem Geld zu trennen, können zentralisierte Datenbanken sehr gefährlich sein, und ein Geschäftsmodell ist nicht wirklich gesprengt, bis jeder blutsaugende Mittelsmann aus der Gleichung entfernt wurde. Wer die Geldproduktion kontrolliert, ist der ultimative Mittelsmann. Deswegen muss das Kabel durchtrennt werden, wenn wir uns wirklich emanzipieren wollen. Du entscheidest. Nicht die. Du.

Das Phänomen der *Fake News* ist leichter verständlich, wenn man bedenkt, wie viel grösser Zeitungsverlage früher waren, und weshalb sie geschrumpft sind. Ihr gesamtes Umsatzmodell ist geplatzt, als das Internet die Werbeindustrie auf den Kopf stellte. Plötzlich war Werbung nicht mehr ein Ratespiel sondern ein Präzisionswerkzeug, das zur Sammlung ungeheurer Datenmengen darüber benutzt werden konnte, wie viele potentielle Kunden ein Produkt haben könnte, und später auch spezielle Daten über jeden einzelnen Kunden. Das führte aufgrund der schrumpfenden

Werbeeinnahmen zu einer Verkleinerung der
Nachrichtenorganisationen. Gleichzeitig bekamen alle Personen
auf der Erde die Möglichkeit, alles was sie sagen wollten zu jedem
zu sagen, und ihre Stimme per Werbung zu Geld zu machen. Die
alten und die neuen Medien begannen schnell, sich gegenseitig des
Verbreitens von Falschmeldungen zu bezichtigen und das
Vertrauen, dass wir den Journalisten geschenkt hatten, begann zu
erodieren. Heutzutage ist es schwieriger als je zuvor,
vertrauenswürdige und unwürdige Quellen auseinanderzuhalten.
Auf der anderen Seite sind Propagandamaschinen auch schwerer
aufzubauen, weil jeder auch unterschiedliche Meinungen zum
selben Thema hören kann. Was wäre, wenn mit Geld dasselbe
passieren würde wie mit den klassischen Medienhäusern? Was,
wenn Leute anfingen, das Etikett "das volle Vertrauen und die
Kreditwürdigkeit der Nationalbank von X" als *Fake News*
bezeichnen würden? Was, wenn wir gemeinsam die
Glaubwürdigkeit von Dollarnoten oder Euros oder Yens
hinterfragen würden? Wir sind dabei, es herauszufinden, und wir
können uns noch aussuchen, auf welcher Seite der Geschichte wir
stehen wollen. Es ist schwer, echt und falsch auseinanderzuhalten,
wenn es sich um Nachrichten handelt, aber wenn es um Geld geht
ist das perfekte Werkzeug zur Beurteilung der Echtheit bereits da.
Der Markt wird dir sagen, was echt ist und was nicht. Nach einiger
Zeit wird sich die Wahrheit zeigen.

Geld ist ein Verstärker von Ideen und dem Geld ist es dabei
egal, ob eine Idee gut oder schlecht ist. Politische Ideen haben oft
den gegenteiligen Effekt dessen, was sie, zumindest angeblich,
beabsichtigen. Einkommensteuer, zum Beispiel, produziert keine

weiteren Steigerungen des Steueraufkommens, sobald der Höhepunkt der *Laffer Kurve* erreicht ist. Ab einem bestimmten Pegel verhindert die Einkommensteuer einfach, dass die Leute überhaupt arbeiten. Besonders wenn es eine Sozialversicherung gibt. Das Robin Hood Narrativ der Linken wird von ihren Befürwortern oft als moralisch edel dargestellt, obwohl es eine wachsende Zahl von Gegenbeispielen überall auf der Welt gibt. Die Internet Startups verlassen San Francisco in Richtung Texas und die Versager strömen stattdessen herein. Leute sterben buchstäblich auf den Strassen an Überdosen von Drogen, während politisch korrekte Hipster im Café nebenan sich in der Überlegenheit suhlen, die man für sich beansprucht, wenn man seinen Chai Latte mit einem umweltfreundlichen Papierstrohhalm serviert bekommt. Opportunistische Männer um die dreissig geben sich als Flüchtlingskinder aus, um die Wohlfahrtsstaaten Schweden und Deutschland auszusaugen, erzeugen damit politische Spaltung und eine viel schlimmere Situation für diejenigen, die wirklich Hilfe brauchen. In einer Welt mit solidem Geld müssten die Gierigen ihren Mitmenschen erheblich mehr Wert bieten, um sich Wohlstand zu sichern, weil das Geld nicht so locker sitzt. Wir sollten nicht vergessen, dass Robin Hood vor allem *gegen* Steuern kämpfte. Geld ist ein Verstärker und unsolides Geld produziert unsolide Gesellschaften.

So wie das Bitcoin Netzwerk wächst, so wächst auch der Gebührenmarkt. Einige Leute argumentieren, dass deshalb Bitcoin nicht skalieren könne. Dieser Blickwinkel entstammt einer unsolides Einstellung gegenüber Bitcoin. Ein paar Grossmäuler in der Kryptogemeinde fangen jedesmal an zu streiten und zu stöhnen, wenn Bitcoin die Umsetzung einer vorgeschlagenen Verbesserung beschliesst oder, sogar häufiger, sich dagegen entschliesst. Ihre Sicht auf das, was Bitcoin sein sollte, spielt für Bitcoin aber keine Rolle. Bitcoins eiserner Widerstand gegen die Marotten der früh investierten selbstgefälligen Möchtegern Tony Starks und ihrem Gefolge in den sozialen Medien ist einer der grössten Aspekte, die es zu etwas so Besonderem machen. Stell dir vor du versuchst, eine Tasse Kaffee mit Gold zu bezahlen. Um eine Transaktion sicher durchzuführen, bei der die Echtheit deines winzigen Goldkörnchens von mehreren unabhängigen Chemikern bestätigt und das Bröckchen Gold in einem Panzerwagen zu Starbucks gefahren wird, müsstest du ganz ungeheure Gebühren zahlen. Trotz seiner offensichtlichen Fehler als Tauschmittel ist Gold aber sehr wertvoll. Trotz seiner schwierigen Teilbarkeit, des Fehlens geeigneter Eigenschaften zur Benutzung, einer fehlenden dezentralen zweiten Ebene für schnelle Zahlungen und seiner relativ einfachen Konfiszierbarkeit bleibt Gold dennoch ein guter *Wertspeicher*. Bitcoin ist ebenfalls, egal was man darüber denken mag, zuallererst ein *Wertspeicher* und erst danach ein *Tauschmittel*. Das ist wichtiger als es scheint. Sollte Bitcoin daran scheitern, langfristig Wert zu bewahren, würde sein ganzes Werteversprechen verschwinden. Ein schnelles und reibungsloses, hochgradig zentralisiertes *Tauschmittel* ist in keinem Sinne eine bahnbrechende Erfindung. Von denen haben wir schon jede Menge. Es ist ziemlich arrogant, zu denken, dass der eigene persönliche Einfluss die Richtung von Bitcoin beeinflussen könnte. Man kann Leute dahin schwindeln zu glauben, der eigene Fork von Bitcoin sei das einzig Wahre, aber das wird langfristig dem eigenen Ruf viel mehr schaden als Bitcoin. Ein Fork von Bitcoin ignoriert die Konsensregeln und dadurch ist ein Fork wenig mehr als irgendein anderer kopierter und wiederbenutzter Code.

Sich öffentlich zu Bitcoin zu bekennen ist nicht ohne Risiko. Man riskiert nicht nur, persönlich zum Ziel von Einbrechern und Dieben zu werden, sondern setzt auch den eigenen Ruf auf's Spiel. Nicht hauptsächlich wegen dem, was die meisten denken, nämlich dass sein Preis aus dem einen oder anderen Grund auf Null fallen könnte. Die grösste Rufschädigung erleiden wir Bitcoiner durch den schier unendlichen Strom von Betrügern und Trittbrettfahrern, die diese Technologie anzieht. Obwohl das Bitcoin Netzwerk viel grösser ist als die aller Konkurrenten, haben Aussenstehende es nicht leicht, den Unterschied zu begreifen. Weil die meisten (wenn nicht gar alle) Rivalen von Bitcoin betrügerisch sind, wird Bitcoin von einer grossen Teil der Bevölkerung per Assoziation ebenfalls schuldig gesprochen. Das kann dem Bitcoin-Enthusiasten kurzfristig eine Rufschädigung bescheren. Langfristig sieht die Sache aber anders aus. Langfristig könnte es eine viel schlechtere Überzeugung sein, den gesellschaftlichen Einfluss von Bitcoin zu negieren. An die Leute, die ihrer schlecht informierten Skepsis für etwas, das sie nicht vollständig verstehen, öffentlich Luft machen, werden wir uns in ähnlicher Weise erinnern wie an die, die in den neunziger Jahren den Einfluss des Internets mit dem der Faxmaschine verglichen haben. Bitcoin ist schwer zu verstehen, weil es viele politische Ideen zertrümmert, da das Geld in einer Bitcoin dominierten Welt praktisch unkonfiszierbar wird. Ebenso wie die auf dem Verkauf von Kopien von Filmen, Musik oder Büchern beruhenden Geschäftsmodelle des zwanzigsten Jahrhunderts von Subskriptionsdiensten wie Netflix, Spotify oder

Audible zerschmettert wurden, werden makroökonomische Geschäftsmodelle, die auf der Vorstellung basieren, dass man durch Steuern oder Inflation das Crowdfunding von Staatsprojekten erzwingen kann, dasselbe Schicksal erleiden, wenn sie sich nicht schnell genug anpassen. Diese Erkenntnis ist für viele Leute ein zu grosser geistiger Salto. Es stellt auf den Kopf, wie wir über Wert denken, und zwingt uns, die harte Wahrheit der Ökonomie zu akzeptieren, der derzeit nur von Ökonomen der österreichischen Schule wirklich verstanden wird. In einer oder zwei Generationen werden die Vorteile von Bitcoin schlicht unbestreitbar sein.

Selbstbestimmung durch Mathematik

KAPITEL ZEHN
DIE UMWELT

Es gibt nichts geschenkt. Es gibt kein Nullsummenspiel. Der zweite Hauptsatz der Thermodynamik sagt uns das. Du weisst schon, der über Entropie und darüber, wie total lahm alles in ein paar Billionen Jahren sein wird. Es gibt keine Aktion ohne eine ebenso grosse Reaktion irgendwo anders. Das gilt auch für das *Mining.* Immer ab und zu schreibt irgendein verzweifelter Journalist einen Artikel über den Energieverbrauch von Bitcoin und darüber, wie das mit der globalen Erwärmung zusammenhängt und wie eine umfassende Verbreitung von Bitcoin uns alle irgendwann aufgrund seines "verschwenderischen" Produktionsprozesses umbringen würde. Worauf der nicht eingeht, sind die Kosten der Alternative. Wie erwähnt ist bitcoin wertvoll, weil es knapp ist, und es ist knapp, *weil* es teuer in der Produktion ist. Dasselbe gilt für Gold oder Diamanten oder alles andere, was knapp und selten ist. Wie in früheren Kapiteln erläutert kann der Mining Algorithmus nie effizienter werden, denn der aufgewendete Strom hängt direkt mit dem Wert des Tokens zusammen.

Zweitens, denk mal darüber nach, wofür die meisten Leute ihre bitcoins benutzen: Nichts. Richtig, für Nichts. Bitcoin motiviert die Leute zum Sparen statt zum Ausgeben. Das ist das genaue Gegenteil dessen, wie Leute Geld in unserem derzeitigen System von Fiatwährungen verwenden, weil Bitcoin relativ zu allen anderen Währungen deflationär ist und nicht inflationär. Das bedeutet, dass jeder Dollar, Yen oder Euro, der für bitcoin ausgegeben wurde, sonst für irgendetwas anderes ausgegeben worden wäre, dessen Produktion ebenfalls Energie verbraucht hat, wenn es nicht stattdessen bitcoin gekauft hätte. Entweder das oder es hätte durch Inflation an Wert verloren, was bedeutet, das noch mehr Dollars, Yens oder Euros erzeugt und für belangloses Zeug ausgegeben worden wären. Zur Zeit ist Kredit billig und die grundlegende Wirtschaftstheorie unserer Zeit basiert auf der Idee, dass die Menge an *Ausgaben*, die in einer Gesellschaft getätigt werden, eine Schlüsselmetrik der Ökonomie darstellt. Bitcoin andererseits basiert auf den Theorien der österreichischen Schule, wo *sparen* die Schlüsselmetrik ist. Ja, sie sind teuer zu produzieren, aber das gilt auch dafür, dass alle Güter der Welt überproduziert werden müssen, weil jedes Geschäft schnellstmöglich expandieren muss, um seine Kredite zurückzuzahlen. Das menschliche Wohl war immer, und wird immer linear an den Energieverbrauch gekoppelt sein. Man kommt um diese Tatsache nicht herum. Energieverbrauch und menschliches Gedeihen sind untrennbar. Was Bitcoin tut, ist die Notwendigkeit für sinnlosen Energieverbrauch zu eliminieren, indem es uns motiviert, für kommende Generationen zu sparen. Es ist ein Mechanismus, der unsere selbstzerstörerischen Tendenzen erschwert. Keine Bedrohung für unseren Planeten, sondern eine Medizin.

Wenn du das nächste Mal hörst, dass das Bitcoin Netzwerk so viel Energie verbraucht wie ein kleines Land, dann frage dich – wo wäre all die Energie gelandet, wenn es nicht in die einzige Entwicklung geleitet worden wäre, die versucht, uns vor uns selbst zu schützen? In eine chinesische Fabrik, die Konsumgüter produziert, welche per Schiff, Lastwagen und Auto zur vorübergehenden Benutzung geliefert werden und nach weniger als einem Jahr auf einer Müllkippe von der Grösse eines Zwergstaates landen? Inwiefern ist das besser für den Planeten? Das einzige, wo Lösungen für Menschheitsprobleme herkommen, ist menschlicher Einfallsreichtum. Solcher Erfindergeist wiederum kommt von irgendwoher, wo Leute mit Hirn eine Chance haben, es im Leben zu etwas zu bringen. Dank Internet und Bitcoin ist dieses irgendwo jetzt überall. Das Internet verbindet uns, und Bitcoin setzt uns Zeit frei und emanzipiert uns von unseren gegenwärtigen, destruktiven Systemen. Bitcoin hilft dir, ein Samenkorn zu pflanzen und es wachsen zu sehen. Bevor du Bitcoin kritisierst, versuche erst zu verstehen, *warum* es erfunden wurde und was inflationäres, weiches Geld den Marktmechanismen antut. Versuche, zu verstehen, warum wir überhaupt ein "Klimaproblem" haben. Weshalb wir überkonsumieren. Welche eigentlichen Kräfte unsere psychologischen Strippen ziehen und uns auf Kredit ein neues Auto kaufen lassen. Man braucht schon eine besondere Art von Ignoranz, um eine Lösung zu kritisieren, ohne zuerst das Problem voll zu verstehen.

Es gibt ein bestimmtes Wort, das die gegenwärtige globale Umweltbewegung besser beschreibt als alle anderen, und dieses Wort lautet "Überheblichkeit". Ja, die Erde ist wärmer geworden, sehr langsam, über die letzten fünfzig Jahre. Ja, mindestens eine der Polkappen könnte am Schmelzen sein. Ja, es liegt wahrscheinlich an menschlicher Aktivität aber nein, du kannst den Planeten nicht durch politische Einflussnahme auf das Leben der Leute retten. Jedes Land der Erde zur Zustimmung zu bringen, dass es eine gute Idee ist, das Verhalten der Leute mit Gewalt zu ändern um des Klimas willen ist nicht nur unmöglich sondern auch bösartig und kontraproduktiv. Kollektivisten verkleiden ihren Drang danach, den Mitmenschen ihr Hab und Gut oder ihre Freiheiten wegzunehmen, immer als notwendig, um die Menschheit zu "retten". Das ist nichts Neues. Sie haben sich nur entschieden, dass "Klimawandel" das effektivste Banner ist, unter dem man sich derzeit zusammenrotten kann. Die Anlässe ändern sich, aber die zugrundeliegende Philosophie bleibt. Es ist sehr beunruhigend, dass das sozialistische Experiment sich so oft in so vielen Teilen der Welt wiederholen darf.

Menschlicher Fortschritt und menschliches Gedeihen hängen linear mit dem Energieverbrauch zusammen. Wenn wir neue Wege finden wollen, uns zu verbessern, sollten wir *mehr* Energie verbrauchen, nicht weniger. Wahrer freier Marktwettbewerb führt zu den effizientesten Lösungen und es gibt einen Haufen Anreize für Produzenten von Konsumgütern, billige Energiequellen zu finden. Bitcoin gibt dem Markt einen weiteren Anreiz, Orte und Investitionen für Kraftwerke in abgelegenen Gegenden zu finden, wo die Kostenbarriere zum Bau eines Kraftwerks wegen der Kosten und Verluste beim Energietransport bisher zu hoch war. Wasserkraftwerke in Gegenden mit hohem Überflutungsrisiko zum Beispiel. Diese Gegenden eignen sich nicht zur menschlichen Besiedlung, aber sie könnten eine Menge Strom produzieren. Wenn Produzenten die Option haben, Strom direkt in Geld zu verwandeln, dann ist es *eher* wahrscheinlich, dass sie erneuerbare Energien verbrauchen, nicht weniger wahrscheinlich. In diesem Sinne kann Bitcoin als Batterie für Energieproduzenten funktionieren.

Offshore Windfarmen haben einen nach oben und unten begrenzten Windstärkenbereich, innerhalb dessen sie eine nutzbare Menge an Energie produzieren. Je grösser die Turbine desto breiter der Bereich, aber sie haben immer obere und untere Windstärkengrenzen. Wenn eine Offshore Windfarm mit einer Bitcoin Mining Anlage verbunden wäre, könnte die zusätzliche Energie an windigen Tagen sofort in Profit für den Produzenten verwandelt werden. Dieselbe Logik gilt für Solarfarmen und geothermische Anlagen. Energie ist für die Bewohner von Mutter Erde ein keinerlei praktischem Sinne eine begrenzte Ressource. Wenn wir nur einen Tag lang die ganze Sonnenenergie, die auf der Erde ankommt, einfangen und speichern könnten, dann könnten wir damit den Energiebedarf der ganzen Menschheit für ein paar hundert Jahre abdecken. Bitcoins Rolle in all dem ist noch unerforscht, aber sein Potential, eine sehr positive ökologische Macht zu sein, ist riesig, und es wird seinen Nutzen im kommenden Jahrhundert unter Beweis stellen. Auf der einen Seite versorgt es Energieproduzenten mit einer Batterie, auf der anderen Seite schenkt es den Zentralbankern nichts und zwingt sie schliesslich, entweder eine solidere Geldpolitik zu fahren oder obsolet zu werden. Bitcoin bietet eine Motivation, überflüssige Energie für einen kleinen Profit und ein grösseres Gut zu opfern, anstatt sie einfach wegzuwerfen. Die nutzbar gemachte Energie wird in ein streng knappes Wirtschaftsgut verwandelt, das viel teilbarer und transportierbarer ist als jede andere knappe Ressource auf der Welt. Es motiviert die Energieproduzenten zum langfristigen Denken und belohnt die geduldigsten und effizientesten unter ihnen. Diese Neuausrichtung der Motivationsstrukturen ist natürlich nicht nur auf

Energieproduzenten und Miner beschränkt, sondern sie betrifft alle, die sich diese Technologie zu eigen machen und seine Implikationen verstehen. Zu gegebener Zeit werden auch die verbissensten Dinosaurier Bitcoins überlegene Geldeigenschaften nicht mehr bestreiten können. Das wäre ein enormer Nettogewinn für die Menschheit *und* die Umwelt.

Mutige Politiker trauen sich, unpopuläre Massnahmen umzusetzen. Sie brauchen keine klimastreikenden Teenager, um ihnen zu sagen, welche Probleme zuerst angegangen werden sollen. Es ist ironisch, wie Prominente, die durch Klimagerede billige Punkte sammeln, ihre Kontrahenten oft als "Populisten" schmähen. Was passiert wirklich, wenn man CO_2-Steuern erhöht und versucht, die Bevölkerung zu einem Verhalten zu zwingen, das ihr nicht passt? Die *Gilets Jaunes*, oder Gelbwesten, in Frankreich sind ein gutes Beispiel. Die Leute müssen immer noch zur Arbeit fahren. Steuererhöhungen lösen nichts, sie verzerren lediglich den Markt und verlagern das Problem. Das einzige Ergebnis der jüngst umgesetzten Umweltmassnahmen von Frankreich war die Zerstörung von Paris. Man könnte sagen, das war nicht das Beste für die Umwelt. In einer wirklich freien Gesellschaft, einer mit *solidem Geld*, wären klimastreikende Kinder kein Problem. Sie müssten kooperieren lernen, um das anzugehen, was auch immer sie für ein Problem halten, und wären für andere Leute harmlos. Jetzt, mit Panik schürenden Journalisten im Rücken, können sie eine Menge Schaden anrichten, wenn die tugendwinkende politische Klasse sich zwecks Wiederwahl irgendeines imaginären Problems annehmen muss, für das die Presse uns sensibilisiert hat. Es geht nicht darum, ob das Klimaproblem real ist oder nicht, es geht um die Motivation. Frag dich immer, was die Person davon hat, wenn sie eine bestimmte Meinung vertritt! Kann dieses Problem *wirklich* auf politischem Wege gelöst werden?

Es gibt nichts geschenkt. Es *gibt* aber so etwas wie *Volksvertretung*, und es steht *immer* ein persönliches wirtschaftliches Motiv hinter politischen Entscheidungen. Die sind nicht für dich da; du bist für sie da. Eines der grössten Aha-Erlebnisse meines Lebens war der Besuch des Lobbyistenviertels in Brüssel. Die Zunahme von Veganismus, eingebildete Glutenintoleranz und fleischlose Montage in Schul-Cafeterias sind alles Produkte der Lebensmittelindustrie. Ein Sojaburger ist viel billiger zu produzieren als einer aus Rindfleisch. Jeder, der so etwas dann auch noch zu einem höheren Preis verkaufen kann ,indem er an die Eitelkeit der Leute appelliert, oder an deren Weltrettungshybris, macht Riesengewinne. Die schaffen es, unser kollektives schlechtes Klimagewissen auf so durchtriebene Weise zu Geld zu machen, dass die meisten gar nicht merken, wie sie ausgetrickst werden. Im 20. Jahrhundert bezahlten die "cereal killer" von Firmen wie Kellog's und anderen für "Forschung", die die Angst vor rotem Fleisch und gesättigten Fettsäuren ins Bewusstsein der Bevölkerung einzementiert hat. Die Effekte dieser Propaganda können heute noch sehr schön beobachtet werden, da die Bewohner der Vereinigten Staaten heute etwa doppelt so dick sind wie vor der Markteinführung von "Light" Produkten. All diese Dinge sind mit der Wurzel des Problems verbunden, dem Fehlen von *solidem Geld*. Die Inflation hat es der Lebensmittelindustrie ermöglich, unseren hausgemachten Rindfleischburger durch einen billigen Sojaburger zu ersetzen und uns dabei weiszumachen, der

Preis hätte sich in den letzten fünfzig Jahren kaum verändert. Spoiler Alert: er hatte.

Ein weiteres meiner erhellendsten Erlebnisse hatte ich während meines Aufenthalts in einem Maya-Dorf im Toledo Bezirk von Belize vor ungefähr zehn Jahren. Ich verbrachte ein paar Tage mit einer Familie aus zwei Erwachsenen und sechs Kindern in einem Dschungeldorf aus Hütten, ohne Elektrizität mit Ausnahme von zwei Dieselgeneratoren. Eines Nachts erzählte mir der Vater des Hauses eine Geschichte von seinem Freund, der zehn Jahre zuvor in die Politik gegangen war und seiner falschen Meinung wegen ermordet wurde. Wir schliefen auf hölzernen Betten ohne Matratzen und ein paar Hunde und Truthähne rannten frei im Dorf umher. Eines Tages hörte sich der Sohn des Hauses ein paar Bob Marley Songs auf einem CD Spieler an, der an einer Autobatterie und einem Solarpaneel auf einem Pfahl im Garten hing. Ich hörte eine Weile zu und fragte ihn nach den merkwürdigen Klangeffekten zwischen den Songs. Helikoptergeräusche, Maschinengewehrfeuer und andere eigenartige Geräusche überschnitten die Songs hier und dort. Er antwortete und sagte: "oh nein, das ist keine richtige CD, ich habe die mit Virtual DJ auf dem Laptop meines Vetters gebrannt". Ich war verblüfft. Hier war ein zehnjähriger Junge mitten im Dschungel, der genauso geschickt im Umgang mit einem Computer war wie jeder andere Gleichaltrige, dem ich je begegnet war. In dem Moment wurde mir klar, wie sehr sich das Spielfeld eingeebnet hatte. Hier war dieses Kind, in einer Hütte ohne Strom, aber auch ohne einen Hypothekenkredit in der Erbschaft, bereit, auf dem selben globalen Markt mitzuspielen wie jedes andere Kind auf der Welt. Bitcoin ist der nächste logische

Schritt. Bitcoin kümmert sich nicht um Nationalität, Geschlecht, Ethnik, Alter, sexuelle Vorlieben oder irgendwelche sonstigen eingebildeten Opferrollen oder Privilegien. Vor Bitcoin sind alle Menschen gleich. Es ist ein freiwilliges System und es kennt keine Vorurteile. Bitcoin ist *Chancengleichheit* in Reinstform und es hat keinerlei Meinung zum Ergebnis.

Selbstbestimmung durch Mathematik

KAPITEL ELF
EINE NEUE LEBENSFORM

Es ist schwierig die Kriterien zu definieren, die nötig wären, dass man etwas als eine neue Lebensform bezeichnen könnte. Es gibt keinen Konsens unter Wissenschaftlern, oder Nationen bezüglich der Definition einer Lebensform. Das ist eine der grossen Hürden wenn es um die Definition von künstlichem oder synthetischem Leben geht. Woher weiss man, wann neues Leben erzeugt wurde, wenn es kein Kriterium dafür gibt, was Leben überhaupt ist? Eine populäre Definition ist immerhin, dass ein Lebensform ein offenes System ist, das seine Homöostase reguliert, aus Zellen besteht, einen Lebenszyklus hat, einen Stoffwechsel besitzt, wachsen kann, sich der Umwelt anpasst, auf Stimuli reagiert, sich selbst reproduziert und evolviert. Könnte Bitcoin auf diese Beschreibung passen? Um das herauszufinden müssen wir sowohl diese Definition von Leben als auch die Eigenschaften des Bitcoin Netzwerkes analysieren. Bitcoin ist ganz offensichtlich ein offenes System, aber was bedeutet es für einen Organismus, seine *Homöostase zu regulieren*? Homöostase ist die Tendenz zu einem relativ stabilen Gleichgewicht zwischen voneinander abhängigen Elementen, besonders (aber nicht beschränkt auf) solche, wie sie bei physiologischen Prozessen auftreten. Der erste Teil dieses Satzes beschreibt perfekt, was Bitcoin tut. Das *Gleichgewicht* ist der *Konsens* zwischen den *Knoten*, die als voneinander *abhängige Elemente* agieren. Man könnte sogar argumentieren, dass sie tatsächlich als *physiologische Prozesse reguliert* werden, weil die Entscheidungen jedes Knotens schlussendlich von Menschen getroffen werden und nicht von

Software, aber für den Moment untersuchen wir Bitcoin als Lebensform aus einer Perspektive ohne Meta-Argumente. Der nächste Teil der Definition ist, dass Leben aus Zellen besteht, was beim Bitcoin ebenfalls zutrifft, besonders wenn man die *Knoten* als Zellen bezeichnet.

Ein Lebenszyklus wird definiert als eine "Abfolge von Änderungen, die ein Organismus durchmacht, die wieder zum Ausgangspunkt zurückführt". Der Lebenszyklus des Bitcoin Netzwerkes ist noch unklar, aber es scheint unwahrscheinlich, dass es jemals wieder zum Startpunkt zurückkehren würde. Wahrscheinlicher ist, dass wir zwar seine Geburt beobachten konnten, dass aber kein heute lebender Mensch jemals das Netzwerk überleben wird, sodass wir das nie herausfinden werden. Das ist allerdings auch in der Natur schon geschehen. Eine Pilzsorte namens Armillaria Ostoyae oder der Humungous Fungus, in den blauen Bergen von Oregon, ist einer der grössten und ältesten Organismen, die der Mensch je kennengelernt hat. Dieses unterirdische Pilznetzwerk wird auf Basis seiner Wachstumsgeschwindigkeit auf ein Alter zwischen 2.500 und 8.500 Jahre geschätzt. Niemand weiss genau, wie sein Lebenszyklus aussieht. Die drei Hauptzwecke des Stoffwechsels in einem lebenden Körper sind die Umwandlung von Nahrung in Energie, um zelluläre Prozesse zu treiben, die Umwandlung von Nahrung in Bausteine des Körpers und die Entsorgung von stickstoffhaltigen Abfallprodukten. Bitcoins Metabolismus arbeitet ganz ähnlich. Bitcoin frisst Energie und seine zellulären Prozesse sind die Transaktionen. Sein Körper hat seine eigenen Bausteine, die Blocks der Blockchain, die im Durchschnitt alle zehn Minuten erzeugt und an ihn angehängt werden. Bösartige Blocks werden als Abfall angesehen und aus dem System ausgeschieden. Bitcoin wächst organisch und passt sich an die Umgebung an, wie man am Beispiel des Lightning Network und anderer Skalierungslösungen auf Ebene 2 sehen kann. Es reagiert auf externe Stimuli, indem es sich mehr und mehr gegen Änderungsversuche panzert, während es dennoch gut auf hinreichend gescheite Verbesserungsvorschläge reagiert. Wie die Armillaria Ostoyae ist es bei Bitcoin mehr ein Wachsen als ein Reproduzieren, und es evolviert im Laufe der Zeit, indem es gute Ideen übernimmt und schlechte zurückweist. Die Vorstellung von Bitcoin als Lebensform mag weit hergeholt und ein wenig albern erscheinen, obwohl eine Menge seiner Eigenschaften formal der Definition entspricht. Was wir *wissen* ist, dass es *sehr* unwahrscheinlich ist, dass es in absehbarer Zeit verschwinden oder aufhören wird zu funktionieren. Man kann darüber debattieren ob es lebt oder nicht, aber man kann es nicht umbringen, und das sollte schon etwas bedeuten. Wir sollten es sorgfältig untersuchen und versuchen, so unvoreingenommen und bescheiden wie möglich zu bleiben, wenn wir Schlüsse aus dem System ziehen.

Wo wir schon über Pilze, also Fungi, reden: einer der wichtigsten Aspekte von Geld ist seine *Fungibilität*. Fungibilität geht Hand in Hand mit Datenschutz und Zensurresistenz. Würden einzelne Bitcoin-Adressen auf der schwarzen Liste einiger Regierungen auftauchen, wären die dort befindlichen Bitcoin weniger wert als die ihrer nicht gelisteten Nachbarn. Schau dir an, was mit den indischen Rupienscheinen passierte, die Ende 2017 über Nacht von der indischen Regierung verboten wurden, angeblich um "Korruption zu bekämpfen". Sie zirkulieren immer noch, besitzen aber nur noch etwa 70% ihres Nennwertes. Wenn Bitcoin Transaktionen nicht geheim sein können, dann werden bitcoin nicht fungibel sein. Dies verringert Bitcoins Fähigkeit, als Geld zu funktionieren. Wir sind an einem Punkt in der Geschichte angekommen, wo Bitcoin Transaktionen geheim sein können, aber nur wenige wissen, wie man dies sicherstellt. Man könnte das als Bitcoins grössten Fehler bezeichnen und als reale Hürde auf dem Weg zur Massenverbreitung.

Wie viele Datenschutzmassnahmen muss der durchschnittliche Benutzer also unternehmen? Genau wie wenn es ums Speichern geht, kommt es auch hier auf den Wissensstand des Benutzers an. Die meisten Benutzer sollten vermutlich vorsichtiger sein als sie im Moment sind, aber es gibt wenig Grund, überängstigt zu sein. Es ist sehr schwer zu beweisen, dass eine bestimmte Transaktion durch einen bestimmten Benutzer angestossen wurde. Das Ganze erinnert ziemlich an den Kampf gegen das BitTorrent Netzwerk vor zehn Jahren. Die Copyright-Lobby probierte verschiedene Mittel und Wege, um Benutzer in verschiedenen Teilen der Welt abzuschrecken, verbot Websites, verfolgte Diensteanbieter und so weiter, aber das Netzwerk selbst gedeiht immer noch und Torrent Dateien sind so gut erhältlich wie eh und je. Es werden vermutlich eine Menge Köpfe rollen müssen, bevor Bitcoin überall akzeptiert wird, aber genau wie sie Filesharing nicht bekämpfen konnten, werden die Regierungen auch gegen Bitcoin nichts ausrichten können. Auch die Entscheidungsträger werden die Vorteile von Bitcoin früher oder später verstehen. Das Schlüsselwort hier ist "später". Wer absolut sicher gehen will, dass alles, was man mit seinen Bitcoins tut, legal, sicher und die Sache wert ist, der möge einfach warten. Warte bis der Sturm vorbei ist und benutze die bitcoin nicht, bis sie überall voll akzeptiert sind. Sie werden dann eine Menge mehr wert sein und du wirst ganz allgemein eine Menge Optionen mehr haben. Denk dran, HODLen ist benutzen.

Einer der grössten Boni der bitcoin Verbreitung ist, dass es die Leute zwingt, selber zu denken. Zunächst mal zwingt es die Benutzer, über Computersicherheit nachzudenken. Um bitcoins sicher zu speichern muss man wissen, was man tut, welcher Hardware und Software man vertrauen kann und so weiter. Es ist praktisch unmöglich etwas online zu tun, ohne dabei *irgendeinem* Dritten zu vertrauen. Jedes Stück Hardware und Software in und zwischen jedem der beiden kommunizierenden Computer könnte verwanzt oder bösartig sein. In Bitcoin wird der vorsichtige Benutzer belohnt und der unbekümmerte irgendwann bestraft. Das gilt auch für Bitcoins Auf- und Abfahrten (die Börsen oder Exchanges, der Übers.) und der weniger vorsichtige Benutzer hat eine höhere Wahrscheinlichkeit, irgendwann in Probleme mit dem Gesetz zu kommen. Der kommende Tsunami der Hyperbitcoinisierung ist angsteinflössend, aber ein geschickter Surfer kann mit dem Ritt seines Lebens rechnen.

Selbstbestimmung durch Mathematik

KAPITEL ZWÖLF
DIE NÄCHSTEN JAHRE

Der Lindy-Effekt ist eine Theorie, die die künftige Lebenserwartung einer Technologie oder Idee beschreibt. Er sagt, dass die verbleibende Lebenszeit einer Idee proportional zu seinem Alter ist, so dass jede zusätzliche Zeitspanne, die die Idee überlebt, eine längere verbleibende Lebenserwartung impliziert. Bitcoin, was nicht nur eine Idee ist sondern auch eine Technologie und ein soziales Experiment, ist jetzt zehn Jahre alt und daher können wir erwarten, dass es noch mindestens weitere zehn Jahre da sein wird.

Zur Zeit des Schreibens gibt es genau 17.669.941 bitcoins und alle zehn Minuten werden zwölfeinhalb neue gefördert. 17.669.941 sind etwa 84% des gesamten Angebots, d.h. der bitcoins, die jemals existieren werden. In zehn Jahren werden ungefähr zwanzig Millionen Bitcoins gefördert worden sein. Drei weitere Halbierungen der Blocksubvention werden bis dahin stattgefunden haben und die Subvention für jeden gefundenen Block wird auf 1,5625 bitcoins gefallen sein. Die ganze Welt wird knapp über zweieinhalb Millionen bitcoins mehr zur Verfügung haben als jetzt. Das im Vergleich mit den etwa siebzehneinhalb Millionen, die während der ersten zehn Jahre erzeugt wurden, als sie noch relativ billig produziert und gekauft werden konnten. In den ersten paar Jahren des Netzwerks konnte man mehrere bitcoins bekommen, indem man sich einfach ab und zu an eine der sogenannten "Wasserhahn"-Webseiten wandte und sie dort gratis erhielt. Die kumulative Inflationsrate des US Dollar während der letzten zehn Jahre betrug 15,6%. Das bedeutet, dass jeder Dollar in dieser Zeit mehr als ein Sechstel seiner Kaufkraft durch Quantitative Easing verloren hat, was der Zentralbankbegriff für Falschgeldproduktion ist. Schauen wir uns mal das Internet an. Das Gesetz von *Metcalfe* sagt, dass der Wert eines Kommunikationsnetzwerks proportional zum Quadrat seiner Benutzer ist. Jeder neue Internetbenutzer ist ein potentieller bitcoin Benutzer, besonders in den Gegenden des Planeten, wo es schlechte Internetverbindungen gibt, weil diese Gegenden oft eine schwache lokale Währung haben, gegen die bitcoin gut als Absicherung funktioniert. Im Jahr 2008 hatten 23% der Weltbevölkerung Zugang zum Internet und 2018 war diese Zahl 48%. In den Entwicklungsländern lagen die Zahlen 2008 bei 14% und 2018 bei 41%. Die weltweiten Zahlen mögen sich in den nächsten zehn Jahren zwar nicht mehr verdoppeln, aber es sieht so aus als würden sie weiter steigen, besonders in den Entwicklungsländern, wo sie sich vielleicht tatsächlich noch einmal verdoppeln werden. All diese Indikatoren (weniger bitcoins, mehr Fiatgeld, mehr Internetbenutzer) zeigen auf einen steigenden bitcoin-Preis, unabhängig von seiner aktuellen Bewertung. Bitcoin ist rasant im Wert gestiegen und hat im Durchschnitt alle drei Jahre eine Null an seinen Dollarpreis angehängt. Kann es das wirklich weiterhin tun? Denk an die zugrundeliegenden Kräfte, die den Preis hochtreiben. Jedes einzelne Mobilgerät könnte potentiell bitcoins speichern, doch nur einige wenige tun es. Wenn mehr und mehr Leute die Technologie annehmen, beginnt der ganze Torschlusspanik-Zyklus von vorne und der Preis springt auf ein neues Plateau. Bedenke auch, dass jeder gegenwärtige bitcoin-Benutzer drei Dinge mit seinen bitcoins machen kann: sie verkaufen, sie verlieren oder sie behalten. Darüberhinaus hält nichts den Benutzer davon ab, mehr bitcoins zu kaufen.

Bitcoin ist ein Internet Protokoll, das sehr änderungsresistent ist. Es zeigte ein nie dagewesenes Beispiel davon gegen Ende 2017, als alle grossen Firmen in Bitcoin entschieden, dass sie eine vorgeschlagene Verbesserung namens Segregated Witness umsetzen und zwei Monate später per Hard Fork die Blockgrösse auf 2 Megabyte anheben würden. Segregated Witness, was die meisten Benutzer wollten, wurde auch aktiviert, aber die Benutzer des Netzwerks leisteten Widerstand gegen den 2 MB Hard Fork. Dies führte zu einer Menge Frustration unter den Befürwortern des Hard Forks und zur Kreation eine Nachahmer-Altcoin namens Bitcoin Cash. Der Preis beider Tokens stieg schnell im Anschluss an den Fork, aber im Nachhinein erschien der Vorgang mehr wie ein Eisenbahnraub als wie ein Weihnachtsgeschenk, und bestenfalls verwirrend. Segregated Witness verbraucht nicht nur weniger Blockkapazität, sondern es erlaubt es auch, Skalierungslösungen auf Ebene 2 oberhalb von Bitcoin zu entwickeln, wie zum Beispiel das Lightning Network. Das Lightning Network erlaubt sofortige, vollständig anonyme, praktisch kostenfreie Mikrotransaktionen, die keinen Blockplatz beanspruchen, und es läuft bereits jetzt. Dazu kommt, dass die Anzahl der Lightning Transaktionen, die gleichzeitig ausgeführt werden können, nur durch die Bandbreite der Knoten begrenzt ist. Das macht Lightning zu einem zukünftigen echten Wettbewerber für Visa oder Mastercard. Viele andere Ebene 2 Verbesserungen sind in Vorbereitung, aber das Kern-Netzwerk von Bitcoin funktioniert auf die gleiche Weise wie immer mit seinen Inputs und Outputs, seinen Public und Private Keys und so weiter.

Wird ein anderes Token dann jemals Bitcoin ersetzen? Schliesslich gibt es ja effizientere Protokolle im Feld. Kurze Antwort: nein. Es ist in diesem Buch bereits mehrfach erwähnt worden, aber man kann es nicht oft genug sagen. Knappheit im Internet war eine einmalige Entdeckung, und sie kann nicht wiederholt werden, da Widerstand gegen Reproduzierbarkeit bereits die Erfindung *ist*. Bitcoins Geschichte und einzigartige Position ist das, was es wahrhaftig knapp und änderungsresistent macht, und diese ersten zehn Jahre werden sich für ein "alternatives" Token nicht wiederholen. Es gibt immer noch eine Menge Verwirrung darüber, was Bitcoin eigentlich ist, und die Idee von solidem Geld im Internet ist ein schwer zu begreifendes Konzept. Der beste Weg vorwärts für jeden Einzelnen ist wohl, sich und andere über diese Erfindung schlau zu machen und über das, was sie bedeutet. Die Zeit wird zeigen, ob deine Quellen recht hatten oder nicht, und es ist unwahrscheinlich, dass Bitcoin in den nächsten zwei Jahren massenweise Verbreitung finden wird. Dennoch, die Infrastruktur steht bereit und die Interfaces zu seiner umgebenden Software, wie Wallets, werden jeden Tag benutzerfreundlicher. Denk daran, das erste iPhone wurde 2007 vorgestellt, und Smartphones hatten die ganze Zeit ein enormes firmenseitiges Marketing, um ihnen zum Erfolg zu verhelfen. Bitcoin wächst organisch. Lass es atmen und sieh zu, wie es sich entwickelt, aber was auch immer du tust, verpass nicht die Gelegenheit und akquiriere ein bisschen solange du sie noch zu diesem Discount-Preis bekommen kannst.

NACHTRAG

Ich hoffe, du hast beim Lesen dieses Buches etwas gelernt, und ich ermutige jeden Leser, meine Fakten zu überprüfen und meine Ideen in Frage zu stellen. Ideen, die nicht in Frage gestellt werden, altern selten in Würde. Alle Meinungen, ob politisch oder nicht, die in diesem Buch ausgedrückt werden, sind zuallererst dazu gemeint, Nachdenken zu provozieren, und sollten nicht wörtlich genommen werden.

Schliesslich empfehle ich noch, etwas von alten Ludwig von Mises zu lesen. "Human Action" zum Beispiel. Vielleicht während man etwas vom alten Ludwig von Beethoven hört. Den dritten Satz der "Mondscheinsonate" zum Beispiel.